red!

c'è spazio per te

Pensi che la serenità e l'equilibrio nascano dal guardarsi dentro
per conoscersi a fondo.
Conduci una vita stressante e frenetica ma appena puoi
ti rifugi nella natura perché sai di averne grande bisogno.
Ritieni che il benessere sia soprattutto sentirsi in forma,
fisicamente e psicologicamente.
Pensi che la felicità derivi dall'avere un rapporto di coppia
pieno e soddisfacente.
Sei un genitore e ti impegni a vivere questo ruolo con serietà
e consapevolezza.

red!, da oltre trent'anni leader in Italia nell'ambito della salute e del benessere, pubblica libri pensati per te.

Libri di alimentazione, di diete, di cucina tradizionale ed etnica, di fitness, di psicologia infantile e di coppia, di bellezza naturale, di medicine dolci, di terapie psicocorporee, di giardinaggio. DVD o CD di musica etnica e terapeutica.

Sono tutte opere realizzate da autori e specialisti che red! seleziona dal 1977. Opere autorevoli, ma anche semplici e ricche di consigli pratici, realizzate con la cura e la passione di chi ama questo lavoro e ha da sempre a cuore i propri lettori.

Grazie per aver scelto red!

Laura Baratto Boroli

Laura Baratto Boroli
Direttore editoriale

www.rededizioni.it

Piccoli e Grandi *manuali*/ 109

Le autrici

Liat Hughes Joshi, giornalista specializzata nel mondo dell'infanzia, collabora con prestigiosi quotidiani ('The Sunday Times', 'The Independent on Sunday', 'The Guardian') e con 'Junior', una rivista destinata ai genitori. Esperta di articoli per bambini, vive con il marito e il figlio a nord di Londra.

Caroline Cosgrove è la fondatrice di Baby Concierge, un negozio di prodotti per l'infanzia che fornisce anche un accurato servizio di consulenza, e di www.babyfy.com, un sito che recensisce gli articoli per bambini disponibili sul mercato e i reparti di maternità del Regno Unito. Vive con i due figli a nord di Londra.

Traduzione di Giuliana Citton dall'originale inglese *What to buy for your baby*, first published by White Ladder Press, a division of Crimson Publishing Ltd, represented by Cathy Miller Foreign Rights Agency, London, England

Revisione redazionale di Diletta D'Amelio ed Elena Gallo

Videoimpaginazione: Paolo Cassella, Como
Stampa: L.E.G.O. Spa, Lavis (TN)

www.rededizioni.it

Liat Hughes Joshi, Caroline Cosgrove

Acquisti intelligenti per mamma e bebè

red!

Introduzione

Il vostro bambino non è ancora nato e avete già l'impressione di dover comprare un milione di cose. Dei tanti consigli che ricevete da amiche, parenti e conoscenti, non ce n'è uno uguale all'altro: un'amica è entusiasta dell'apposita pattumiera per pannolini, per un'altra è solo uno spreco di denaro. Una dice cose meravigliose della fascia portabebè e l'altra non riesce nemmeno a infilarla. Le informazioni che trovate su internet non vi aiutano a chiarirvi le idee, e per quanto riguarda i venditori dei negozi, chissà che cosa hanno davvero a cuore, se il vostro interesse o il loro.

Benvenuti nel mondo degli acquisti per l'infanzia. È pieno di prodotti pensati solo per farvi spendere soldi, e le infinite opzioni tra cui scegliere possono arrivare a sopraffarvi. State per incontrare oggetti di cui prima della gravidanza non sospettavate nemmeno l'esistenza, e a volte vi sembrerà di aver bisogno di un dizionario speciale solo per capire di cosa si sta parlando. Prendiamo a esempio i passeggini: ne esistono a 3 o a 4 ruote, pieghevoli, a ombrello, telescopici, '2 in 1', '3 in 1'... È abbastanza da indurre un travaglio anticipato.

Ecco perché abbiamo scritto questo libro. Volete conoscere pro e contro della sterilizzazione dei biberon a vapore, a microonde o a freddo, o sapere se è meglio un ciuccio a ciliegia o ortodontico? Volete sapere quante tutine comprare prima della nascita e di quale taglia, o quali elementi valutare nell'acquisto di un seggiolino per auto? Pensate a questo volume come alla vostra guida allo shopping, che vi condurrà in modo imparziale nella giungla degli accessori per bambini, alleviando in parte lo stress di quando ci si prepara all'arrivo del neonato. Vi diremo quali cose sono davvero indispensabili, quali facoltative e quali poco più che soprammobili destinati a prendere polvere. Dove vi è possibilità di scelta, discuteremo pro e contro di tutte le opzioni. Dove raccomanderemo o sconsiglieremo prodotti specifici o marche particolari, potete essere sicuri che non lo facciamo per interesse ma in modo del tutto indipendente.
All'inizio di ogni capitolo abbiamo inserito una lista degli acquisti riportata poi, in forma completa, alla fine del libro. Troverete anche, dove possibile, consigli su soluzioni amiche dell'ambiente.

Sappiamo che il mondo degli accessori per l'infanzia è vasto e controverso, e che non tutti saranno necessariamente d'accordo con le nostre proposte. Ma sappiate che per scrivere questo libro ci siamo consultate con moltissimi genitori, creando anche il nostro 'gruppo di consulenti', formato da mamme e papà dotati dell'esperienza necessaria (come stanno a dimostrare le loro borse sotto gli occhi!). Abbiamo unito la nostra vasta conoscenza di prodotti per l'infanzia alle loro opinioni, proprio per darvi tutte le informazioni che vi servono per prendere una decisione.
Ci auguriamo che questo libro vi aiuti ad alleviare buona parte dello stress da acquisti e a risparmiare un po' di tempo girovagando per negozi: dedicatelo piuttosto a rilassarvi mentre bevete un buon caffè (decaffeinato, s'intende). Cominciamo con qualche consiglio pratico e con qualche indicazione su come utilizzare questo libro.

Quando fare i primi acquisti

Secondo noi, il momento ideale per iniziare a fare shopping è verso la ventesima settimana di gravidanza. A questo punto, infatti, sarete psicologicamente pronte ad accogliere il nascituro, e ancora piene di forze e di energie per scegliere con calma. Non rimandate troppo i primi acquisti, perché alcuni prodotti potrebbero non essere subito disponibili, ma soprattutto perché vostro figlio può anche decidere di nascere un po' prima.
Se invece preferite rimandare qualsiasi acquisto a dopo il parto, nei mesi precedenti preparate una lista dettagliata di ciò di cui avete bisogno, in modo da non perdere tempo quando sarà il momento. Sappiate comunque che alcuni negozi consentono di scegliere in anticipo gli articoli ma di pagarli e ritirarli solo dopo la nascita: informatevi.

Rosa o azzurro?

Nel caso non sappiate se aspettate una bambina o un bambino, il nostro consiglio è di comprare solo gli articoli veramente essenziali in toni neutri, rimandando l'acquisto di tutto il resto a dopo la nascita. Se invece preferite avere tutto l'occorrente prima del parto, scegliete colori e stili neutri, adatti a entrambi i sessi. Questa scelta potrebbe rivelarsi saggia anche nel caso in cui, in futuro, vogliate avere altri figli: carrozzina e lenzuolini rosa sono perfetti per una bambina, ma non più per l'arrivo di un fratellino!

SOS gemelli

Se aspettate due o più gemelli, fare acquisti sarà ovviamente un po' più dispendioso e impegnativo, anche perché avrete bisogno di alcuni articoli specifici (per esempio, un passeggino doppio). Perciò, là dove serve, nel libro troverete consigli su questo tema; molte informazioni sono disponibili anche online, in particolare nei siti dedicati alle mamme di gemelli.

Quanto mi costerà?

Non è facile prevedere quanto spenderete per lo shopping per il nascituro perché questo dipende da molte variabili, per esempio: quale budget volete stanziare? Volete comprare solo articoli di marca? Vi va l'idea di acquistare o prendere in prestito alcuni articoli di seconda mano?
Secondo una recente ricerca, la cifra media spesa dai genitori per acquisti prima della nascita si aggira sui 1200 euro: ma potete spendere anche il doppio o il triplo. Non c'è nessun bisogno, però, di spendere così tanto: amici che hanno già avuto figli, siti internet come eBay o negozi di seconda mano sono un'eccellente fonte di articoli a costo contenuto.
In questo libro vi indicheremo gli oggetti che non vale la le pena di acquistare nuovi, ma che si possono chiedere in prestito o comprare di seconda mano, con l'indicazione, quando necessario, degli elementi da valutare nel caso in cui si tratti di prodotti usati (per esempio, gli standard di sicurezza, che nel tempo possono cambiare).
Qualunque sia il vostro obiettivo, risparmiare o darvi alle spese pazze, noi siamo qui per aiutarvi.

COME INTERPRETARE I SIMBOLI

Consiglio per risparmiare e tagliare le spese superflue. Per esempio, può trattarsi di un articolo dai molteplici usi, oppure di un articolo non di marca, e perciò meno costoso, ma che va bene quasi quanto quello di marca, o addirittura di più.

Prodotto ecocompatibile e consigli per una maternità amica dell'ambiente.

☺☺ Suggerimento per chi aspetta dei gemelli.

⚠ Informazione sulla sicurezza dei piccoli.

⊕ Pro: gli elementi che depongono a favore dell'acquisto dell'articolo.

⊖ Contro: gli elementi che depongono a sfavore dell'acquisto dell'articolo.

Questi sono i simboli che ritroverete nelle 'liste degli acquisti'.

✓ Acquisto indispensabile o comunque caldamente raccomandato.

? Acquisto facoltativo: si tratta di un articolo di una certa utilità, ma di cui si può fare anche a meno.

✗ Acquisto superfluo, per cui non vale la pena di spendere del denaro (anche se alcuni di voi non saranno d'accordo).

Che cosa acquistare prima della nascita

Di seguito trovate un elenco di tutte le cose che è necessario procurarsi prima della nascita, mentre nei capitoli successivi parleremo degli articoli non strettamente indispensabili nei primi giorni di vita del piccolo (può comunque essere una buona idea acquistarli nei mesi precedenti il parto, quando si ha più tempo). Vi proponiamo poi una scelta di prodotti che, secondo la nostra esperienza di mamme e quella del nostro gruppo di genitori-consulenti, si sono rivelati in assoluto i più utili e i meno utili quando sono nati i nostri figli.

Ecco ciò che dovrete procurarvi prima del ritorno a casa dall'ospedale.

- Il luogo dove il piccolo dormirà: una culla, una cesta imbottita, un lettino per i primi mesi, una carrozzina, un'amaca... a vostra scelta.
- L'occorrente per preparare il lettino: coprimaterasso, lenzuola e coperte.
- Un seggiolino per auto del gruppo 0 oppure 0+ (adatti, rispettivamente, a bambini fino a 10 o 13 kg di peso).
- Una borsa contenente l'occorrente per il cambio.
- Una crema per proteggere i capezzoli e coppette assorbilatte.
- Una scelta basilare di vestitini: body, tutine con i piedi, calzine e guanti (per evitare che si graffi con le unghie nei primi giorni di vita), bavaglini, cappellini e calze (solo nella stagione più fredda).
- Pannolini; se avete intenzione di usare quelli lavabili, prevedete anche un cesto per riporre quelli sporchi.
- Ovatta, quadrati di tela o spugna, salviettine umidificate e asciugamani morbidi per il cambio e la pulizia.
- Biberon in numero sufficiente, latte in polvere e sterilizzatore, ma solo se, già prima della nascita del vostro bambino, sapete che non potrete allattarlo al seno.

Gli articoli che riteniamo più utili

Basandoci sulla nostra esperienza di mamme, questi sono gli articoli che abbiamo amato e utilizzato di più quando sono nati i nostri figli e che consideriamo perciò indispensabili.

La scelta di Liat

- Un marsupio per neonato, che permetta di tenerlo in diverse posizioni. Facile da indossare, pratico, occupa poco spazio ed è utilizzabile fin dai primi giorni di vita. A molti bambini piace essere portati sulla schiena.
- Un lettino da affiancare al vostro letto. Alcuni modelli hanno una sponda completamente abbassabile, in modo da poter essere accostati al lettone e permettere a mamma e bambino di dormire vicini senza rischi.
- Coprifasciatoio usa e getta. Non sono molto ecologici (anche se possono essere riutilizzati moltissime volte), ma vi permettono di cambiare il vostro bambino in tutta sicurezza ovunque vi troviate.
- Pasta allo zinco. Oltre che per l'eritema da pannolino, è un buon rimedio per una serie di piccoli disturbi, dalle scottature da sole al naso irritato a causa del raffreddore.

La scelta di Caroline

- Una fascia portabebè. Mantiene il bimbo vicino a voi, protetto e al sicuro, distribuendone il peso in modo ottimale per la vostra schiena.
- Un cuscino per allattamento. Il segreto per riuscire ad allattare con successo è una posizione corretta, e un cuscino adatto sostiene la schiena e aiuta a non affaticarsi.
- Un umidificatore a vapore. Dà sollievo alla tosse e al naso chiuso dal raffreddore, aiutando il bambino a respirare e a dormire meglio.
- La barriera di stoffa KiddyGuard di Lascal. Impedisce l'accesso a porte e scale al bambino che comincia a gattonare o a camminare, ma è completamente a scomparsa quando non serve.
- Il seggiolone Tripp Trapp di Stokke. Concepito per far sedere il piccolo a tavola con voi, lo accompagna nella crescita per parecchi anni. Vale l'investimento.

Gli articoli che riteniamo meno utili

Il nostro gruppo di genitori-consulenti ha stilato un elenco di cose che si sono rivelate un'inutile perdita di denaro, e noi siamo tendenzialmente d'accordo con loro. Alcuni di questi articoli hanno comunque i loro fan, quindi è perlomeno il caso di prenderli in considerazione.

- Le carrozzine pesanti e non trasformabili in passeggino. Sono ingombranti e utilizzabili solo nei primi 5-6 mesi di vita, quando il bambino non è ancora in grado di stare sul passeggino.

- I kit neonato di qualsiasi genere, da quelli di abbigliamento a quelli di articoli per il bagnetto o la pulizia. Per la maggior parte, contengono prodotti di cui non saprete che farvene.
- Scaldabiberon. Per portare il latte alla giusta temperatura è sufficiente immergere il biberon in un pentolino di acqua calda.
- Baby Sedile di Bumbo. Permette al bimbo di sedere in posizione eretta senza cinghie e cinture, ma è utilizzabile per un periodo di tempo veramente limitato, da quando il piccolo è in grado di sostenere la testa da solo a quando raggiunge il peso di 10 kg circa.
- Biberon per neonato. Diventa troppo piccolo già nel giro di poche settimane.
- Bilancia pesaneonati. Potete pesare il bimbo dal pediatra o al consultorio, oppure usare la vostra bilancia, tenendo il piccolo in braccio.
- Copriseggiolino per il carrello della spesa. Per pulire il sedile del carrello basta una salvietta umidificata.
- Seggiolino per il bagnetto. Quasi impossibile infilarci un neonato e poi riuscire… a tirarlo fuori!

Per semplificarsi la vita

Non ci riferiamo a prodotti specifici per l'infanzia, ma a oggetti o accorgimenti che possono rivelarsi una benedizione nelle frenetiche settimane che seguono l'arrivo a casa del primo figlio.

- Un cordless. Per quando squillerà il telefono mentre starete allattando.
- Un blocchetto di post-it. Perché ricordarsi di tutto non è facile…
- Un forno a microonde. Per scaldare acqua, latte o pappe.
- Una mascherina per gli occhi. Per riuscire a riposare un po' durante il giorno, quando vostro figlio decide di dormire.
- Un varialuce che consenta di regolare l'illuminazione in camera da letto. Per le poppate notturne.
- Una scorta di pile di tutti i formati. Per i giochi con luci e suoni.

E per finire… una lista semiseria di accorgimenti 'salvavita'.

- Un buon detergente per la cucina. Per quando ci sarà pappa spalmata dappertutto.
- Il numero di telefono della pizzeria da asporto o di qualsiasi altro ristorante che consegni la cena a domicilio. Per quando sarete troppo stanche per cucinare.
- Un sito di spesa online. Perché a volte sarete così indaffarate che non riuscirete neanche a fare la spesa.

L'abbigliamento

La lista degli acquisti

- ✓ Tutine con i piedi, di ciniglia o cotone (6 di taglia 0, 6 di taglia 0-3 mesi)
- ✓ Body a manica corta (6-8 di taglia 0, 6-8 di taglia 0-3 mesi)
- ✓ 2 golfini di taglia 0-3 mesi, di cotone o lana secondo la stagione
- ✓ 2 cappellini, di cotone o lana secondo la stagione
- ✓ 4 paia di calzine
- ✓ 2 paia di guantini antigraffio di cotone
- ✓ 6-8 bavaglini
- ✓ 2 paia di guantini di lana (solo se il bimbo nasce nella stagione fredda)
- ? 2-3 sacchi nanna

Aggirarsi tra gli scaffali pieni di adorabili vestitini per neonato può far sciogliere anche il genitore più arcigno. Ma prima di ritrovarvi armadio e cassetti pieni di tutine mai indossate, prendete in considerazione un paio di argomenti.

Per prima cosa, è sicuro che riceverete in regalo un mucchio di vestitini. Quando noi abbiamo avuto i nostri figli, siamo state molto colpite dalla generosità con cui persone che conoscevamo appena ci hanno fatto bellissimi regali. La maggior parte dei doni era molto carina, solo poche cose erano davvero improponibili (una tutina di maglia di un violento color arancione, un completo di lana taglia 0 per un bambino nato a luglio…).
In secondo luogo, i neonati crescono in fretta e non ci vorrà molto perché quella costosissima tutina elegante a cui non avete proprio saputo resistere passi di misura. Magari riuscirete a mettergliela un paio di volte: fidatevi, non ne vale la pena.

• **Il consiglio del genitore.** «Durante i saldi compro una grande quantità di vestiti per mio figlio, cercando di prevedere quale taglia avrà nella stagione corrispondente dell'anno successivo. In questo modo riesco a risparmiare e ad acquistare qualche capo di marca che non potrei permettermi a prezzo pieno».

I vestitini per il neonato: guida all'acquisto

Ecco gli elementi che è importante valutare quando si acquistano capi d'abbigliamento per il neonato.

Le caratteristiche fondamentali

- **Facilità di lavaggio.** Va bene qualsiasi cosa possa essere lavata in lavatrice e sopporti la centrifuga senza problemi. Un golfino da neonato in puro cachemire che esige di essere amorevolmente lavato a mano o portato in tintoria non è destinato a facilitare la vita già complicata delle prime settimane.
- **Comfort.** Uno dei compiti principali del genitore di un neonato è evitare qualsiasi cosa che possa aumentare il numero dei pianti. Quindi, nella vostra battaglia quotidiana contro le lacrime lasciate perdere i vestiti difficili da indossare. Esistono tutine per bambini che sono sia bellissime sia facili da mettere, in tessuti morbidi e traspiranti, 'gentili' anche con la pelle più delicata.
- **Vestibilità.** A moltissimi bambini non piace infilare tute, body e golfini facendoli passare dalla testa, e moltissimi genitori, soprattutto i primi giorni, sono un po' nervosi all'idea di manipolare troppo un neonato per vestirlo. Quindi, cercate tutine e body con lo scollo ampio, oppure allacciati o incrociati sul davanti. Meglio scegliere dei golfini aperti piuttosto che delle felpine chiuse; e i bottoni a pressione sono da preferire a quelli da infilare nelle asole, soprattutto quando si ha a che fare con un bambino già un po' innervosito.
- **Facilità di cambio.** Il cambio dei pannolini diventerà una delle attività più frequenti della vostra giornata, quindi scegliete tutine facili da aprire, con i bottoni lungo tutte le gambe.
- **Possibilità di resa.** Preferite per i vostri acquisti i negozi in cui potete rendere la merce. Tenete gli scontrini ed evitate di staccare i cartellini finché non siete sicure di voler utilizzare davvero quell'articolo. In caso contrario, riportatelo al negozio. ▶

Il guardaroba essenziale per il neonato

Sappiamo che andare per negozi a comprare vestitini e body fa parte del piacere dell'attesa, ma attenetevi a pochi capi basilari e aspettate di vedere che cosa vi regaleranno, prima di saccheggiare i negozi specializzati.

Gli indumenti di cotone biologico sono ormai facilmente reperibili, non solo nei negozi specializzati ma anche nei grandi magazzini. Non ci sono prove certe che i tessuti di cotone non biologico siano dannosi per i

Potete fare a meno di...

- **Vestiti che irritano la pelle.** Fate attenzione ad applicazioni e ricami, alle cuciture troppo evidenti, alle etichette che graffiano o ai colletti che possono salire e dare fastidio al neonato, che passa molte ore sdraiato. Rimuovete ogni fonte di potenziale disagio e privilegiate le fibre naturali: i tessuti sintetici come il poliestere sono irritanti.
- **Troppi indumenti di taglia 0.** I bambini crescono in fretta, e un capo molto piccolo non vi servirà per più di un paio di settimane; o addirittura potreste non utilizzarlo del tutto, se vostro figlio nascerà piuttosto... 'torello'. Acquistate pochissimi capi di taglia 0 e il resto di taglia 0-3 mesi: questa è la soluzione più economica, anche se per qualche settimana le tutine potrebbero risultare un po' lunghe. In ogni caso, tenete comunque presente che gli indumenti per neonati delle diverse marche non vestono tutti allo stesso modo: fatevi aiutare dal personale dei negozi specializzati a scegliere la taglia giusta.
- **Qualsiasi genere di start kit per neonati.** Il più delle volte si tratta di cofanetti o confezioni riempiti di cose quasi tutte poco utili o che non corrisponderanno al vostro gusto.
- **Tute imbottite in un solo pezzo.** Sembrano comode, ma non lo sono: si tratta di uno dei capi per neonati più difficili da far indossare senza scatenare lacrime e proteste, e anche da togliere al momento del cambio o quando si entra in macchina, in un negozio o in un altro ambiente riscaldato. Dato che difficilmente i neonati si rotolano nella neve, è molto più pratico scegliere coperte e piumini da mettere direttamente sulla carrozzina o sul passeggino, oppure un sacco letto imbottito: tengono al caldo un bambino così piccolo e si possono facilmente togliere ogni volta che serve.
- **Cappellini, guanti, scarpine e calzine troppo cari.** Sappiate che sono tra gli indumenti che un neonato perde più facilmente.

neonati, ma se preferite evitare ogni rischio, meglio acquistare quelli non trattati. In genere il cotone biologico è estremamente morbido e non costa molto più di un normale cotone di buona qualità.

Tutine (o pigiamini)

Il modello più diffuso ha le maniche e le gambe lunghe, in genere è di spugna o di ciniglia, ed è aperto sul davanti. Perfetto per il giorno e la notte, non si deve infilare dalla testa ed esiste di pesantezze diverse, a seconda della stagione. I modelli con i piedini sostituiscono anche le calzine. Compratene 6 di taglia 0 e 6 di taglia 0-3 mesi. Se prevedete che il vostro bambino sia più pesante della media, passate direttamente alla taglia 0-3 mesi. Comprate modelli con i piedi e l'apertura con gli automatici su tutta la lunghezza delle gambe; nei grandi magazzini si trovano in genere confezioni multiple che permettono di risparmiare un po'.

Body

Possono avere le maniche lunghe o corte oppure non averle, e si chiudono al cavallo con degli automatici. Diventeranno un elemento base del guardaroba di vostro figlio, da indossare sotto la tutina nei mesi più freddi e da soli in estate al posto delle più scomode magliette. Il body, infatti, aiuta a tenere il pannolino al suo posto e non si arrotola né risale lungo la schiena come la maglietta. Se vi preoccupa l'idea di infilarlo facendolo passare dalla testa, potete scegliere i modelli incrociati a kimono, o quelli con lo scollo all'americana (che si allarga alle spalle), oppure di cotone molto elasticizzato. Compratene 6-8 della taglia 0 oppure 0-3 mesi; nei grandi magazzini troverete confezioni multiple a prezzi molto convenienti.

Golfini

Preferite quelli di cotone a quelli di lana, che sono più delicati da lavare in lavatrice, e con gli automatici invece che con i normali bottoni, spesso difficili da allacciare. Prevedetene 2 o 3.

Golfini fatti a mano

Se un'amica gentile o una nonna affettuosa si offre di sferruzzare qualcosa per vostro figlio, non rifiutate: i golf fatti a mano possono essere bellissimi. Se temete che il risultato possa non piacervi, offritevi diplomaticamente di far vedere loro qualche modello che apprezzate, magari scovato su una rivista o in uno dei tanti negozi specializzati.

Calzine

Cercate di scegliere dei modelli di calzine che non si sfilino continuamente: compratene un paio alla volta e provatele. Per i bambini più grandi, che già gattonano o camminano, sono utili quelli antiscivolo. Comunque, vi consigliamo di sceglierle dello stesso colore, in modo che se ne perderete qualcuna possiate sempre accoppiare le rimanenti. (Da questo si capisce che, una volta diventate mamme, ci si trasforma in una copia delle proprie madri).

Cappelli e guanti

I cappelli servono a proteggere il bambino, d'estate dai raggi del sole e d'inverno dal freddo. Sia quello invernale sia quello estivo dovrebbero essere in un tessuto traspirante come il cotone. Evitate i cappellini a visiera, inadatti a un neonato che passa la maggior parte del suo tempo sdraiato sulla schiena.
Per i bambini più grandi vanno molto bene i cappelli 'da legionario', con la tesa davanti e dietro, perché offrono un'ottima protezione.
Per quanto riguarda i guantoni, preferite le muffole (niente dita minuscole da infilare), almeno finché il bambino non ha qualche anno.
Vi serviranno 2 cappelli (uno per l'estate e uno per l'inverno) e un paio di guanti invernali.

Guantini antigraffio

Si tratta di muffole di cotone leggero che si infilano ai neonati per evitare che si graffino con le loro unghiette affilate. Le unghie dei neonati, infatti, crescono velocemente e non è facile tagliarle. Dato che questi guantini sono minuscoli, tendono ad andare perduti allo stesso modo delle calzine.

Bavaglini

Sono un vero dono del cielo, soprattutto se il vostro bambino è facile ai rigurgiti, ma è probabile che ne riceviate parecchi in regalo, dunque non compratene troppi in anticipo. Scegliete il tipo con l'elastico che si passa dalla testa, o il modello che si chiude con i bottoni a pressione: sono molto più pratici di quelli che si annodano dietro il collo. Evitate quelli che si chiudono con il velcro, a meno di non essere disposte a toglierlo ogni volta che mettete il bavaglino in lavatrice per non rovinare gli altri indumenti.

Altri capi non indispensabili

Nelle occasioni speciali potrete far indossare a vostro figlio qualche indumento più simile a un normale abbigliamento 'da grandi'.

Pantaloni e pantaloncini

Scegliete lo stile che preferite ma non dimenticate la praticità e il comfort. Le tute in due pezzi, di felpa o jersey di cotone, sono abbastanza morbide da poter essere tenute addosso anche per dormire durante il giorno. Date la preferenza ai pantaloni con gli automatici sul cavallo (per facilitare il cambio) e l'elastico in vita, che li rende facili da mettere e da togliere.

Non sono indispensabili per un neonato, che sta più comodo nella sua tutina, ma potete comprarne da 4 a 6 paia per i bambini più grandicelli; qualche paio in meno per le bambine, che avranno anche delle gonne, e qualcuno in più per entrambi i sessi quando imparano a usare il vasino.

Vestitini e gonne

Freschi e carini per le bambine in estate, e superpratici per il cambio, ma non tanto comodi in inverno, visto che infilare un paio di collant a una bambina piccola è un'impresa. Non sono ovviamente indispensabili per una neonata: compratene 1-2 al massimo, per le occasioni speciali.

Magliette

Finché il bambino è piccolo, sono più comodi i body, perché le magliette tendono ad arricciarsi lungo la schiena e a scoprire la pancia. Le magliette possono anche essere indossate sopra il body, quando il clima lo richiede. Preferite quelle con lo scollo ampio, o chiuse sulle spalle con gli automatici.

Giacche

Quando un neonato è nella sua carrozzina o nel passeggino può essere tenuto al caldo e riparato dalle intemperie con una coperta o un piumino imbottito, con un paio di babbucce invernali e una capottina impermeabile nel caso piova. Se invece lo portate nel marsupio o nella fascia può essere utile una giacchetta imbottita, morbida e confortevole: in questo caso, però, state attente a non coprirlo troppo, perché la vicinanza con il corpo della madre è già una fonte di calore, oltre che di comfort.
Un piumino invernale imbottito sarà utile solo a partire dal momento in cui vostro figlio riuscirà a stare seduto nel passeggino. Date la preferenza a un tessuto traspirante e a un modello non troppo pesante (potrete sempre aggiungere un golfino nei momenti di freddo più intenso).

Scarpine

Finché il bambino non impara a camminare le scarpine non sono indispensabili, e tendono a sfilarsi e ad andare perdute. Detto questo, sono davvero carine: se siete tentate, sceglietene un paio molto morbido.

☺☺ Risparmiare sul numero dei capi è una tentazione cui è meglio non cedere. Ricordatevi che con due figli avrete meno tempo per lavare: in definitiva, avrete bisogno del doppio dei capi per ogni bambino.

Pannolini e dintorni

La lista degli acquisti

- ✓ Pannolini
- ✓ Ovatta e/o salviettine umidificate
- ✓ Crema per arrossamenti da pannolino
- ✓ Pattumiera con coperchio e 2 reticelle per il bucato (se usate i pannolini lavabili)
- ✓ Sacchetti per gettare i pannolini (se utilizzate quelli usa e getta)
- ✓ Borsa per il cambio
- ✓ Quadrati di tela o spugna morbida
- ? Sigillapannolini (se usate i pannolini usa e getta)
- ? Materassino coprifasciatoio
- ✗ Scaldasalviette

È chiaro che i pannolini avranno un ruolo di grande importanza nella vostra vita per i prossimi anni: domineranno la vostra spesa, i vostri pensieri e anche la vostra vita sociale. Vi garantiamo che avrete un certo numero di conversazioni in merito al contenuto dei pannolini di vostro figlio!
Un bambino produce, nei primi 2 anni di vita, circa 100 kg di cacca e 250 litri di pipì. Dalla nascita al momento in cui sarà in grado di usare il vasino, vi toccherà cambiare almeno 5000 pannolini.

Pannolini lavabili o usa e getta?

Anche se non avete mai cambiato un pannolino in vita vostra, difficilmente vi sarà sfuggito che è in corso una discussione su quale dei due tipi, lavabile o usa e getta, sia meno dannoso per l'ambiente.
Secondo i partigiani dei pannolini lavabili, quelli usa e getta creano un'impressionante massa di rifiuti che non solo è scarsamente biodegradabile, ma che nei decenni impiegati a scomparire produce metano, aumentando il riscaldamento globale. Gli scettici sostengono al contrario che lavare i pannolini di stoffa comporta uno spaventoso spreco di acqua ed energia, e che dunque questa pretesa qualità ecologica è molto dubbia.

Esistono studi a supporto di ognuno dei due punti di vista, molti dei quali, però, sono stati commissionati dalle parti in causa, e dunque non riflettono che i loro interessi. L'agenzia di protezione ambientale del Regno Unito ha realizzato lo studio forse più esaustivo, secondo il quale non vi è una sostanziale differenza di impatto ambientale tra gli uni e gli altri. I supporter dei pannolini di tessuto sostengono che lo studio non ha tenuto conto del fatto che sia possibile lavare in modo più ecologico. Così, fino a oggi risulta difficile sapere quale sia la verità e quale dei pannolini in discussione sia più amico dell'ambiente.

Usa e getta, ma ecologici: il giusto mezzo

Ma esiste anche una 'terza via' tra il creare un orrendo ammasso di rifiuti non biodegradabili e lo spreco di enormi quantità di acqua ed energia per lavare i pannolini di stoffa: si tratta dei pannolini usa e getta ecologici. Sono comodi come gli usa e getta, ma sono almeno in parte biodegradabili e prodotti in modo ecocompatibile, per esempio senza uso di cloro e di gel chimici. Naturalmente, non eliminano il problema dello sfruttamento delle risorse per la produzione e per il trasporto, ma resta il fatto che hanno un minor impatto ambientale di quelli usa e getta.
Sfortunatamente, i pannolini ecologici non sono disponibili dappertutto: si possono acquistare online o nei negozi di alimenti e prodotti biologici, ma difficilmente nella grande distribuzione. Se aggiungete che sono mediamente più cari e talvolta meno comodi dei comuni usa e getta, diventa chiaro per quale motivo il loro uso non si è diffuso in modo significativo.

• **Il nostro verdetto.** I pannolini usa e getta ecologici rappresentano un buon compromesso per tutti coloro la cui coscienza ecologica mal sopporta i pannolini usa e getta tradizionali.

Pannolini lavabili

I pannolini lavabili hanno fatto moltissima strada da quando si trattava di quadrati di stoffa da tenere fermi con sinistre spille da balia. Questo modello esiste ancora, ma si tratta del tipo più economico: le alternative moderne sono molto più assorbenti e considerevolmente più facili da usare, specialmente se si inserisce un apposito foglio prepannolino, di solito un velo di cellulosa completamente biodegradabile, da gettare nei rifiuti insieme alle feci, riducendo le imbrattature del pannolino stesso.
Certo, i pannolini lavabili richiedono un certo investimento iniziale, ma a lungo andare si rivelano più economici di quelli usa e getta, e alcune am-

ministrazioni locali ne incentivano l'uso donando alle famiglie la fornitura iniziale o un sussidio economico. Potete anche usarli per più di un figlio o venderli una volta che non vi servono più (che ci crediate o no, esiste un fiorente mercato per questo genere di articoli!).

Piuttosto arduo, in un mercato che oggi sta rifiorendo come quello dei pannolini di stoffa, è scegliere tra i tanti nuovi sistemi. Qui ci limitiamo a passare in rassegna i principali, ma online potete trovare consigli su tutti i tipi in commercio. È oltremodo importante non comprare una dotazione completa di pannolini finché non li avrete provati. Cominciate acquistando una confezione di prova, e cercate di capire il sistema che fa veramente per voi e la marca che preferite. Tra marca e marca esistono grandi differenze di capacità di assorbimento, facilità d'uso e vestibilità; alcuni tipi, per esempio, vestono meglio i bambini paffuti, altri quelli più magrolini.

Un suggerimento, prima di passare a descrivere le diverse tipologie: i pannolini di stoffa sono più ingombranti degli altri, ricordatevene quando acquistate capi d'abbigliamento per vostro figlio.

Quale versione scegliere?

I pannolini lavabili esistono sostanzialmente in 3 differenti versioni: in 2 pezzi, pocket (o a tasca), tutto in 1.

In 2 pezzi

È formato da uno strato esterno (ciripà) di maglina di cotone, che si avvolge intorno alla vita e alle gambe del bambino, dentro il quale si inseriscono degli strati interni assorbenti (di spugna o di mussola di cotone: ne esistono di vari tipi). Il ciripà si chiude con dei lacci e si copre con una mutandina impermeabile per evitare la fuoriuscita di pipì.

(+) Economico.
(+) Facilmente reperibile.
(+) Poco ingombrante.
(+) Asciuga rapidamente.
(+) Molto versatile: piegandolo in modi differenti si adatta alle diverse taglie, quindi accompagna il bambino nella crescita.
(−) È necessario fare un po' di pratica per imparare a metterlo correttamente, e le baby sitter non abituate a usarlo potrebbero avere qualche difficoltà.
(−) Richiede un po' di tempo per stenderlo ad asciugare e ripiegarlo.

Costo: €

Pocket (o a tasca)

Sagomato come il pannolino usa e getta, è formato da uno strato esterno di materiale impermeabile e da uno strato interno di materiale assorbente, con una tasca in cui si infila un inserto di materiale assorbente.

+ Asciuga velocemente.
+ Non deve essere piegato dopo il lavaggio.
+ Una volta indossato risulta relativamente poco ingombrante.
+ Può essere aumentata la capacità di assorbimento utilizzando l'apposito inserto.
− Più complicato da gestire rispetto agli altri due modelli in quanto si deve inserire l'imbottitura assorbente.
− Alcuni modelli non assicurano una tenuta perfetta.

Costo: €€

Tutto in 1

Offre la stessa praticità del pannolino usa e getta. Sagomato al pari di questo, è formato da 2 strati cuciti insieme: quello esterno è di materiale impermeabile, quello interno di materiale assorbente.
Una variante di questo modello, che prende il nome di tutto in 2, ha lo strato interno staccabile, in modo da ridurre i tempi di asciugatura dopo il lavaggio.

+ Risulta facile da usare anche per chi utilizza abitualmente i pannolini usa e getta; sono perciò i pannolini di stoffa ideali per quando il bambino è affidato alla baby sitter.
− Tra i pannolini di stoffa è il modello che asciuga più lentamente.
− A meno che non scegliate un modello in taglia unica, dovrete cambiare l'intera dotazione di pannolini a mano a mano che vostro figlio crescerà (a differenza del modello in 2 pezzi).

Costo: €€€

• **Il nostro verdetto.** La nostra preferenza va ai pannolini a tasca perché sono semplici da usare e asciugano abbastanza velocemente. Quelli a 2 pezzi ci sembrano più pratici rispetto al modello tutto in 1, perché sono più assorbenti, più economici e asciugano più rapidamente. Tenere in casa qualche pannolino tutto in 1 può comunque tornare utile per i viaggi o per quando il bimbo sarà affidato alla baby sitter o ad altre persone non esperte di pannolini di stoffa.

Di quale tessuto?

Ciripà e strati esterni in genere sono costituiti da microfibra di poliestere laminata (Pul), doppiati con lana o cotone. Gli strati interni sono prevalentemente di micropile oppure di cotone, flanella, bambù o canapa.
Scegliete i materiali in base alle vostre preferenze, ma fate attenzione che lo strato interno, a contatto con la delicata pelle del bambino, sia soffice e assorbente, e che quello esterno, impermeabile, asciughi rapidamente.

Taglia unica o più taglie?

Alcuni pannolini lavabili prevedono più taglie, mentre altri pannolini, regolabili, sono pensati per essere indossati dalla nascita fino al momento in cui il bimbo imparerà a usare il vasino.
I pannolini in taglia unica sono naturalmente più economici, ma quelli in più taglie vestono meglio e assicurano una migliore protezione dalla fuoriuscita di pipì, soprattutto se vostro figlio è particolarmente esile o paffuto. Se usate questo tipo di pannolino, dovrete ovviamente cambiare l'assortimento ogni volta che il bambino sarà un po' cresciuto.

- **Il nostro verdetto.** Se potete permettervelo, investite in pannolini di taglie differenziate: vestono e proteggono meglio il bambino.

Quanti acquistarne?

La risposta dipende da quante lavatrici di pannolini siete disposte a fare. Ipotizzando un lavaggio ogni 2 giorni, e calcolando il tempo per farli asciugare senza asciugatrice, dovreste comprare da 18 a 20 pannolini, di qualsiasi tipo li scegliate (diverso è ovviamente il caso in cui usiate l'asciugatrice).
Per i pannolini in 2 pezzi, 4 ciripà dovrebbero bastare, perché in genere non si lavano a ogni cambio.

Come lavarli?

Per lavare i pannolini di stoffa consigliamo di usare un detersivo ecocompatibile adatto per i capi dei piccolissimi, oppure di ricorrere a un sistema alternativo, come le sfere che permettono di lavare senza detersivo. Se potete, evitate l'uso dell'asciugatrice.

In alcune grandi città stanno prendendo piede servizi di fornitura a domicilio di pannolini di stoffa: ogni settimana viene consegnato uno stock di

I pannolini lavabili: guida all'acquisto

Ecco gli elementi che è importante valutare quando si acquistano pannolini di stoffa.
- **Vestibilità.** Non è uguale per tutte le marche di pannolini (sia in taglia unica, sia in più taglie).
- **Assorbenza.** Il pannolino bagnato è uno dei motivi per cui i bambini si svegliano di notte, quindi scegliete un tessuto particolarmente assorbente o un tipo di pannolino che permetta di inserire uno strato assorbente supplementare per il riposo notturno.
- **Tempo e metodo di asciugatura.** Alcuni ciripà non vanno nell'asciugatrice: informatevi prima di acquistarli, se non potete fare a meno di questo elettrodomestico (certo non molto amico dell'ambiente). Alcuni materiali asciugano prima di altri (la flanella, per esempio). I pannolini tutto in 1 asciugano più lentamente, quindi dovrete disporre di una scorta maggiore.
- **Ciripà traspiranti.** Aiutano a evitare gli eritemi da pannolino e mantengono il bambino fresco anche d'estate. Il Pul è preferibile rispetto alla plastica e al Pvc.
- **Sistema di chiusura.** Il velcro è senz'altro più comodo dei bottoni automatici, ma bisogna ricordarsi di chiudere il pannolino prima di lavarlo in modo che il velcro non si attacchi al resto del bucato.
- **Costo complessivo, dalla nascita al vasino.** Focalizzatevi su questo, piuttosto che sull'investimento iniziale.

pannolini puliti e vengono ritirati quelli sporchi. In genere, le lavanderie commerciali non sono proprio ecocompatibili, e nel conto deve entrare anche l'impatto ambientale del trasporto. La fornitura e il lavaggio dei ciripà sono inoltre esclusi dal servizio.

- **Il consiglio del genitore.** «Abbiamo usato i pannolini usa e getta solo per le prime, frenetiche settimane, ma siamo passati a quelli lavabili una volta che la situazione si è un po' calmata. In viaggio usiamo ancora i pannolini usa e getta, ma scegliamo le marche meno inquinanti».

Inserti assorbenti e foglio prepannolino

Inserire un foglio prepannolino assorbente in un pannolino lavabile aiuta a mantenere asciutta la pelle del neonato e rende più facile gestire le feci. L'inserto può essere lavabile oppure monouso, ma biodegradabile. Il migliore, di cellulosa, può essere eliminato gettandolo nel water.

Potete anche aggiungere nel pannolino lavabile un booster, cioè un inserto assorbente (in genere di flanella o spugna di cotone), per ottenere una maggiore assorbenza per la notte, o in alternativa utilizzare una lavetta o un quadrato di mussola ripiegato. Alcuni pannolini hanno in dotazione un sistema per potenziare l'assorbimento.

Pannolini usa e getta

Sono il tipo di pannolino utilizzato dalla grande maggioranza dei genitori. Quasi sempre contengono poliacrilato di sodio, una sostanza che si trasforma in gel a contatto con l'urina, assorbendo molte volte il suo peso in liquido. In alcuni pannolini lo strato a contatto con la pelle resta sempre asciutto, al pari degli assorbenti igienici.

La capacità di assorbimento, l'ingombro, la morbidezza e la vestibilità dei pannolini cambiano molto da marca a marca, quindi provatene più d'una per essere certi di trovare la più adatta al vostro bambino.Oltre a quelli di marche note, considerate anche le linee di pannolini della grande distribuzione, in genere più economici e talvolta perfino migliori di qualità.

Quanti acquistarne?

I neonati possono sporcare anche 12 pannolini al giorno, ma la media è di circa 8. Per i bambini più grandicelli prevedete 4-6 cambi giornalieri.

Scegliere il tipo di pannolini

La scelta tra pannolini lavabili e usa e getta spetta solo a voi. Gli argomenti da tenere in considerazione sono la praticità, l'ecocompatibilità, la comodità, la capacità di assorbimento e il costo. Una buona soluzione potrebbe essere utilizzare pannolini usa e getta di tipo ecologico o tradizionali per i primi giorni dopo il parto, e poi fare una scelta meditata.
Di seguito indichiamo i principali punti di forza e di debolezza dei vari tipi di pannolini (che sono messi a confronto nella tabella a p. 27).

Pannolini lavabili

- ⊕ Adatti alla pelle sensibile.
- ⊕ Risultano utili per far imparare più in fretta ai bambini a usare il vasino, perché i piccoli sanno che cosa vuol dire sentirsi bagnati.

I pannolini usa e getta: guida all'acquisto

Ecco gli elementi che è importante valutare quando si acquistano pannolini usa e getta.

- **Costo per singolo pezzo.** Il confronto tra i pannolini delle diverse marche è reso complicato dal fatto che le confezioni non contengono sempre lo stesso numero di pezzi. Spesso però nei supermercati trovate indicato, accanto al costo della confezione, il costo per singolo pezzo. Le maxiconfezioni sono di solito più convenienti, possono costare anche il 25% in meno rispetto allo stesso modello venduto in un pacco standard. Approfittate delle offerte speciali per fare scorte di pannolini, ma senza esagerare, perché il vostro bambino potrebbe aver bisogno di una taglia in più o di un modello differente quando sarà più grande.
- **Buona vestibilità.** Come per i capi d'abbigliamento, ci sono marche che vestono di più e altre che vestono di meno. I pannolini troppo larghi in vita o alle gambe possono lasciar fuoriuscire la pipì.
- **Minimo ingombro.** Soprattutto quando il bambino comincia a camminare, un pannolino troppo voluminoso può diventare fastidioso e non agevolarlo nei suoi primi passi.
- **Morbidezza.** I pannolini con i bordi rigidi possono irritare la pelle sensibile del neonato.
- **Adeguatezza del modello di pannolino in rapporto all'età.** I pannolini da neonato sono pensati per assorbire e trattenere le scariche frequenti; invece quelli per i più grandi offrono una maggiore elasticità e flessibilità ai bambini che già gattonano e camminano.
- **Taglia.** Seguite le indicazioni relative al peso riportate sulla confezione e passate alla taglia successiva quando vostro figlio raggiunge il peso massimo indicato per un certo tipo di pannolino: la capacità assorbente aumenta infatti con la taglia.

⊖ Vanno riportati indietro sporchi quando, per esempio, si cambia il bambino fuori casa.
⊖ Ingombranti: i vestiti possono risultare un po' troppo stretti.
⊖ Possono essere scomodi in viaggio.

Pannolini usa e getta tradizionali

⊖ Producono un'alta quantità di rifiuti (questo può essere un vero problema per chi abita in un comune dove le scadenze di raccolta sono distanti fra loro, o per chi ha più di un figlio che utilizza i pannolini).

I TIPI DI PANNOLINI A CONFRONTO			
	Lavabili	Usa e getta tradizionali	Usa e getta ecologici
Praticità	Bassa (devono essere lavati)	Alta	Alta
Quantità di rifiuti prodotta	Zero	Alta	Alta
Quantità di energia e risorse utilizzate per produrli	Bassa (potrebbero bastare una ventina di pannolini, che potranno essere riutilizzati da altri bambini)	Alta (in media un bambino userà 5000 pannolini)	Da moderata ad alta (la produzione di ecopannolini ha un minor impatto ambientale rispetto agli usa e getta tradizionali)
Quantità di energia e risorse utilizzate per lavarli	Da media ad alta, secondo la temperatura e i metodi di asciugatura	Zero	Zero
Comodità per il bambino	In genere alta	Variabile a seconda della marca	Variabile a seconda della marca
Assorbimento e tenuta	Medi	Alti	Da medi ad alti
Costo iniziale	Alto	Basso	Basso
Costo d'uso	Basso (il lavaggio)	Alto	Alto

Pannolini usa e getta ecologici

- Non sono venduti ovunque e sono più cari.
- Alcuni modelli sono piuttosto ingombranti.
- Come gli usa e getta tradizionali producono molti rifiuti.

Accessori per il cambio

Esistono innumerevoli accessori che si propongono di semplificare il momento del cambio del pannolino. Non tutti sono indispensabili, ma vale sicuramente la pena di prenderli in considerazione.

Pattumiera per pannolini usa e getta

In commercio esistono appositi sistemi che sigillano i pannolini e li chiudono in un contenitore quasi ermetico a prova di cattivi odori, da svuotare soltanto una volta pieno. In alternativa potete usare un normale secchio per la spazzatura con coperchio, eventualmente con un sacchetto deodorante (ne esistono di specifici per pannolini). Questo sistema è più economico, ma richiede necessariamente che la spazzatura venga portata via frequentemente; le ricariche dei sistemi più tecnologici, d'altro canto, possono essere piuttosto costose.

- **Il nostro verdetto.** Una normale pattumiera con sacchetti funziona benissimo se non vi preoccupa il fatto di doverla svuotare molto spesso. Se optate per un sistema sigilla pannolini, la nostra preferenza va a quelli che utilizzano normali sacchetti per la pattumiera piuttosto che a quelli a ricarica, molto più cari.

- **Il nostro consiglio.** Se avete optato per un sigilla pannolini a ricarica, potete ridurre i costi utilizzandolo solo per i pannolini con un contenuto solido, smaltendo invece quelli con la sola pipì nel normale contenitore dei rifiuti.

Contenitore per pannolini di stoffa sporchi

La soluzione migliore è una rete portabiancheria da tenere all'interno di un contenitore chiuso, adibito ai soli pannolini (andrà benissimo un normale secchio per pattumiera con coperchio). Il giorno del bucato non dovrete fare altro che estrarre la rete e infilarla così com'è in lavatrice, senza essere costrette a maneggiare niente di spiacevole. Se volete, potete versare dentro il secchio qualche goccia di un olio essenziale antibatterico, come il Tea Tree. Ricordatevi di comprare una seconda reticella, da usare quando la prima è in lavatrice.
Quando siete fuori casa, per riporre i pannolini sporchi potete usare un sacchetto impermeabile a chiusura ermetica (ideali quelli di plastica con la zip che si usano anche per congelare).

Salviettine umidificate

Ne esistono di molti tipi: profumate o senza profumazione, biodegradabili ed ecologiche. La maggior parte delle ostetriche raccomanda in realtà di utilizzare, almeno nei primi tempi, quadrati di ovatta di cotone imbevuti di semplice acqua tiepida, perché sono più gentili con la pelle delicata dei neonati. Ma, passati i primi giorni, le salviettine umidificate sono molto più pratiche, soprattutto quando si è fuori casa. La maggior parte delle marche presenta formulazioni senza sostanze irritanti; meglio anche evitare quelle profumate.

Inoltre, per i cambi fuori casa è inutile portare una confezione intera di salviette o comprare una confezione da viaggio, molto più costosa: chiudete la quantità che pensate vi possa servire in un sacchetto per congelare con la chiusura a zip.

✂ Il prezzo delle salviette è diverso da marca a marca. Come per i pannolini, sfruttate le offerte della grande distribuzione per fare scorta di quelle della vostra marca preferita.

Per chi è particolarmente attenta all'impatto ambientale o al risparmio, esistono sistemi alternativi altrettanto efficaci. I quadrati di flanella o di spugna sono perfetti per il cambio, mentre i fazzoletti di tela vanno benissimo per il momento della pappa.

• **Il nostro consiglio.** Le salviettine tendono a seccare facilmente, e spesso il lembo di plastica che chiude la confezione si solleva o si scolla. Riponete la confezione tenendo in basso la parte con l'apertura, oppure comprate uno di quei maxipacchi che offrono una scatola di plastica in omaggio.

Crema per arrossamenti da pannolino

Esistono prodotti preventivi e prodotti curativi. Se usate i pannolini usa e getta evitate le creme a effetto barriera, perché ne diminuiscono la capacità di assorbimento.

Scaldasalviette

Molto popolare negli Stati Uniti, non è invece troppo diffuso altrove. In effetti, se non l'avete già, non vale la pena di comprarlo appositamente. È da prendere in considerazione solo se vostro figlio si dispera al contatto con la salvietta a temperatura ambiente.

Materassino coprifasciatoio

Anche se non è un accessorio indispensabile (il fasciatoio si può coprire anche con un normale asciugamano ripiegato), l'apposito materassino rappresenta una buona soluzione perché è morbido e facile da tenere pulito. Inoltre costa davvero poco.

Spesso i materassini coprifasciatoio hanno i bordi leggermente rialzati, caratteristica che li rende più sicuri finché il bimbo è molto piccolo, ma che può risultare un impedimento per il cambio di un bambino più grande, che si muove e cammina. Il rivestimento esterno in plastica impermeabile è più pratico delle fodere di stoffa; eventualmente lo si può rivestire con una tela o un asciugamano per rendere più calda la superficie.

• **Il nostro consiglio.** Quando vostro figlio sarà cresciuto, potrebbe essere necessario distrarlo per convincerlo a cooperare al momento del cambio. Tenete un gioco che gli piaccia vicino al fasciatoio, oppure appendete una giostrina colorata sopra al materassino.

Coprifasciatoio usa e getta

È straordinariamente comodo in viaggio e fuori casa, anche se non troppo ecologico (considerate comunque che può essere riutilizzato più volte). Applicato su qualsiasi fasciatoio (per esempio quelli nei bagni degli autogrill), permette di cambiare il bimbo assicurando la massima igiene. È più leggero e compatto del normale materassino per il cambio da viaggio, anche se meno imbottito.

Borsa per il cambio

Ecco un altro acquisto che potrebbe non sembrare strettamente indispensabile ma che in realtà lo è: una borsa capiente, in grado di ospitare l'infinita serie di cose senza le quali non si può uscire di casa quando si ha un neonato.
Un tempo le borse per il cambio erano oggetti un po' tristi, solidi e squadrati; adesso ne esistono di bellissime che non stonerebbero in una sfilata di moda, ma senza i prezzi da borsa griffata. Cercando con attenzione potete trovare di sicuro lo stile che preferite; 'a postino' (le predilette dai papà), da appendere al manico della carrozzina o del passeggino, o extralarge (vivamente consigliata per i gemelli); in alcuni modelli sono già inclusi un materassino per il cambio, un portabiberon termico, una sacca per indumenti e bavaglini sporchi ecc.
Scegliete una borsa che vi piace davvero, perché per un paio d'anni non uscirete mai di casa senza portarvela dietro.

Nella scelta della borsa per il cambio fate attenzione a questi elementi.
• Facilità di lavaggio del tessuto.
• Numero di tasche. Più sono, meglio è: avrete bisogno di riporre separatamente pannolini, vestitini di ricambio, salviettine, bavaglini sporchi e puliti. Attenzione anche alla forma delle tasche: almeno una deve avere un formato tale da permettere al biberon di mantenersi in posizione diritta.

Che cosa non può mancare nella borsa per il cambio

- Pannolini
- Salviette
- Crema per gli arrossamenti
- Sacchetto per i pannolini sporchi
- Materassino da viaggio
- Fazzoletti
- Bavaglini
- Ricambio di body, tute o magliette (soprattutto se vostro figlio rigurgita spesso)
- Ciuccio di scorta (se vostro figlio lo usa)
- Biberon e latte (se non allattate al seno)
- Giocattoli (anelli da mordere, sonagli)
- Gel disinfettante per le mani

- Capienza. Avete bisogno di qualcosa che sia in grado di contenere pannolini, body di ricambio, bavaglini, biberon, salviettine, ciuccio, giocattoli, merende…

Quadrati di mussola e lavette di spugna

Sono insostituibili per detergere, asciugare, pulire sederini, visini e qualsiasi altra parte del vostro bambino. Il lavaggio richiede un po' di lavoro, ma sono molto più ecologici delle salviettine inumidite.
Comprate almeno 6 lavette di spugna (sono più piccole degli asciugamani da ospite e ne esistono di specifiche per neonati) e 12 quadrati di mussola (andranno bene anche dei fazzoletti di cotone leggero piuttosto grandi, o meglio ancora tovaglioli di lino). Sembrano molti, ma si riveleranno utilissimi. Probabilmente il primo che userete sarà quello piazzato perennemente sulla vostra spalla per proteggere magliette e vestiti dai rigurgiti.
In alcuni negozi per neonati si trovano quadrati di mussola e lavette di spugna colorate, in fantasia o di cotone biologico.

Il bagnetto

La lista degli acquisti

- ✓ Asciugamano morbido da usare solo per il bambino
- ✓ Forbicine per neonato
- ✓ Guantino da bagno o spugna
- ? Bagnoschiuma per neonato
- ? Vaschetta per il bagnetto
- ? Seggiolino o supporto sagomato per il bagnetto (da usare dopo i 6 mesi)
- ? Termometro da bagno
- ? Prodotti vari per la toilette
- ✗ Vasca da bagno da viaggio (a meno che non prevediate di fermarvi in un luogo senza vasca da bagno)
- ✗ Mobiletto fasciatoio con vaschetta incorporata
- ✗ Kit per il bagnetto di qualsiasi genere

Le prime volte, l'idea di dover fare il bagno a un neonato incute un certo timore: bisogna destreggiarsi tra la paura di farlo scivolare o che pianga disperatamente o che prenda freddo, e la necessità di lavarlo in tutti gli angolini, tenerlo tranquillo e asciugarlo bene. È in momenti come questi che ci si chiede perché mai Dio o l'evoluzione non ci abbiano dato più mani.

Niente paura, l'industria del bagnetto ha saputo inventare alcuni aggeggi che non solo riescono a tenere più o meno fermo e al sicuro il neonato, ma che aiutano a rendere l'intera operazione meno simile a un giudizio di Dio.

Seggiolino e supporto sagomato per il bagnetto

Che usiate la vasca da bagno oppure una vaschetta di dimensioni ridotte, i seggiolini e i supporti sagomati riducono notevolmente lo stress dei primi bagnetti, perché permettono di avere le mani libere. Si può farne a meno, o si può fare il bagno insieme al vostro piccino, ma i supporti non costano molto e si trovano facilmente di seconda mano.

Si può lavare un neonato nel lavello di cucina?

Ma certo! Anche noi l'avremmo fatto volentieri, solo che quando abbiamo avuto il primo figlio il lavello era troppo intasato di piatti sporchi per lavarci anche solo una Barbie! Se siete meno selvagge di noi, il lavello andrà benissimo per lavare il neonato, con l'indubbio vantaggio di non affaticare la schiena della mamma. Unico neo: dovrete trasferire tutto l'occorrente in cucina, e conosciamo genitori che solo per non dover affrontare il trasloco hanno preferito continuare a stare chini sulla vasca.

• **Il consiglio del genitore.** «Quando Isabel era piccolissima avevo paura che, seduta nel seggiolino da bagno, prendesse freddo, perché le spalle rimanevano fuori dall'acqua. Abbiamo risolto il problema coprendola con un asciugamano bagnato di acqua calda e continuando a bagnarlo con acqua tiepida per non farlo raffreddare».

Quale versione scegliere?

Supporti e seggiolini da bagno vengono prodotti in 3 diversi materiali.

Di schiuma morbida

Sagomati e a misura di neonato, sono forse il tipo più comodo, ma sono anche facilmente preda di muffe e funghi e tendono ad acquisire un odore sgradevole se non li si fa asciugare con cura. Se usate questo tipo di supporto è possibile che dobbiate comunque tenere una mano su vostro figlio, il che ne limita un po' l'effettiva praticità.

Di tessuto

Ne esistono vari modelli, dai più semplici ai più complessi (una vera e propria poltroncina da bagno con tanto di cuscini). Sono pratici e comodi, ma è meglio accertarsi che i tessuti con cui sono prodotti siano trattati con sostanze antibatteriche e antimuffa. Come per il modello in schiuma morbida, per evitare che il bimbo scivoli è meglio reggerlo con una mano.

Di plastica, a seggiolino

Anche se sono realizzati in plastica rigida, le imbottiture li rendono morbidi e comodi. Sono, in definitiva, i più pratici e i più facili da pulire: tutti i genitori da noi consultati si sono dichiarati molto soddisfatti, e perciò è questo il modello che vi raccomandiamo.

Seggiolino e supporto per il bagnetto: guida all'acquisto

Ecco gli elementi che è importante valutare quando si acquista un seggiolino o un supporto sagomato per il bagnetto.

- **Resistenza a muffe e funghi.** Tessuti e spugne possono riempirsi di funghi in breve tempo. Per questo motivo supporti e seggiolini di tessuto e spugna morbida vanno fatti asciugare con cura dopo l'uso; quelli di tessuto devono essere realizzati con una federa staccabile e lavabile in lavatrice. Ricordatevi però che si tratta dell'ennesimo capo che si aggiunge alla vostra lista del bucato.
- **Possibilità di avere le mani libere.** Non suggeriamo ovviamente di lasciare il bambino senza sorveglianza nella vasca da bagno, ma di poterlo lavare e massaggiarlo con entrambe le mani, senza preoccuparvi di doverlo reggere.

☺☺ Acquistate due seggiolini da bagno sagomati in plastica rigida. Proprio perché vi permettono di avere entrambe le mani libere, sono l'unica soluzione ragionevole che consente di fare il bagno a tutti e due i bambini contemporaneamente.

Vaschetta per il bagnetto

È il classico oggetto che si trova piuttosto facilmente nei negozi di seconda mano o che ci si presta tra amiche (essendo piuttosto ingombrante, quando non serve più non si vede l'ora di sbarazzarsene!).

Si può vivere senza?

Sì, i bambini possono essere lavati nella normale vasca, soprattutto utilizzando un seggiolino o un supporto. Una vaschetta consente di risparmiare acqua, ma è un oggetto in più, e occupa parecchio spazio.

Quale versione scegliere?

In commercio si trovano generalmente 3 modelli.

Standard

È il tipo più economico, utilizzabile fino a 6-8 mesi. Se non usate un supporto, dovrete reggere il bambino con una mano mentre lo lavate.

Sceglietene una robusta, con il fondo antiscivolo (se non usate un supporto) e possibilmente dotata di maniglie, per facilitare il trasporto.

+ Economica.
− Per avere le mani libere bisogna utilizzarla con un supporto.

Da appoggiare sulla vasca

Attraverso apposite doghe, alcuni modelli di vaschetta si possono appoggiare sopra la vasca da bagno. Sono comodi perché non ci si deve piegare troppo per raggiungere il bambino; nella maggior parte dei casi, le doghe sono rimovibili, e la vaschetta si può usare anche all'interno della vasca o appoggiata sul pavimento. Alcuni modelli sono dotati di un supporto interno, in altri si può inserire: se volete avere le mani libere, non rimpiangerete la spesa. Prima di comprare una vaschetta da appoggio, assicuratevi che sia adatta alla vostra vasca da bagno.

+ Permette di non piegarsi troppo e quindi affatica meno la schiena.
− Più costosa di una vaschetta standard.
− Non tutti i modelli si adattano a qualsiasi vasca da bagno.
− Per avere le mani libere bisogna utilizzarla con un supporto (se non è già previsto).

Vaschetta alta e stretta (Tummy Tub, Shantala e simili)

In pratica, si tratta di una piccola vaschetta di plastica, stretta ma piuttosto alta: al suo interno il bambino si accovaccia in una posizione molto simile a quella fetale, rivivendo l'esperienza del contenimento dell'utero materno. Molto in voga nei Paesi nordici, è amata da tante mamme e altrettante ostetriche, ma è il classico oggetto che si ama o si detesta.
È raccomandata da 0 a 8 mesi, ma conosciamo bambini più grandi che la usano ancora con molta soddisfazione. Se decidete di acquistarla, è possibile che ci voglia un po' di pratica per prenderci la mano. Nei primi mesi, ricordatevi di reggere la testa del bambino.

+ Rende il bagnetto del neonato un'esperienza molto intensa e rilassante perché gli permette di rivivere le sensazioni del grembo materno.
+ Facilmente spostabile anche quando è piena.
+ Leggera e poco ingombrante, è perfetta in viaggio.
+ Permette di fare il bagnetto utilizzando pochissima acqua.
− Più costosa delle altre vaschette.
− Far entrare e uscire il bambino può risultare complicato all'inizio.
− Non lascia le mani completamente libere.
− Non permette al bambino più grandicello di giocare con l'acqua.

• **Il nostro verdetto.** Se avete problemi alla schiena, usate una vaschetta da appoggiare alla vasca da bagno. In caso contrario, la nostra preferenza va a un supporto da utilizzare nella normale vasca oppure a una vaschetta alta e stretta.

Accessori per il bagnetto

Pochi degli articoli che citiamo nelle prossime pagine sono veramente indispensabili, ma è possibile che qualcosa possa tornarvi utile in determinate circostanze.

Salvagente da vasca

Aiuta il bambino a stare seduto nell'acqua senza rovesciarsi. È utile a partire dai 6 mesi circa, quando un normale supporto da neonato diventa troppo piccolo, fino a quando il bambino non è in grado di stare seduto da solo su un tappetino antiscivolo. Non si tratta di un periodo molto lungo, ed è per questo che il salvagente da vasca non è indispensabile; oltre al fatto che parecchi genitori trovano difficile infilarlo e sfilarlo.

• **Il nostro verdetto.** Non è un acquisto saggio: fatene a meno o fatevene prestare uno.

Vaschetta da viaggio gonfiabile o pieghevole

È utile solo se vi recate in un luogo dove non è presente una vasca da bagno (per esempio in campeggio). In questo caso, scegliete il modello gonfiabile, che occupa meno spazio e pesa meno.

Mobiletto fasciatoio con vaschetta incorporata

A meno che non abbiate problemi alla schiena che rendono scomoda anche la vaschetta da appoggiare sulla vasca, consigliamo di evitare i mobiletti fasciatoio con vaschetta per il bagnetto incorporata. Occupano molto spazio e hanno vita molto breve; inoltre le operazioni di riempimento e svuotamento della vaschetta richiedono comunque un certo lavoro.
Se però non ne potete fare a meno e il vostro bagno è spazioso, collocate il mobiletto in questa stanza e scegliete un modello di vaschetta dotato di tubo di scarico, in modo da svuotare l'acqua nella vasca da bagno (per riempire la vaschetta potrete usare il 'telefono' della doccia, se il tubo è sufficientemente lungo).

Supporto pieghevole per vaschetta

Evitate se possibile anche i supporti pieghevoli che reggono la vaschetta all'altezza di un normale piano di lavoro: sono pensati per alleviare lo sforzo della schiena, ma richiedono comunque braccia e muscoli lombari forti per prendere la vaschetta, liberarla dei supporti e svuotarla.

Kit per il bagnetto

In commercio si trova un'infinità di confezioni di kit per il bagnetto dal contenuto più o meno utile: bagnoschiuma, talco, crema per il corpo, olio per il massaggio, colonia, ma anche accessori come termometro da bagno, vaschette a due scomparti (per tenere il sederino del pupo lontano dall'acqua che servirà a lavargli il viso), asciugamani ricamati ecc. A volte è possibile personalizzare il beauty o il sacchetto che contiene i prodotti ricamando il nome del bimbo.
È difficile che l'assortimento comprenda solo cose di cui avete realmente bisogno, quindi il nostro consiglio è di lasciar perdere.

Accappatoio per neonato

È un asciugamano con un angolo ripiegato a formare un cappuccio. Certo, è carino, ma qualsiasi asciugamano di morbida ciniglia di cotone, che userete solo per il bimbo, andrà bene; inoltre, gli accappatoi per neonato spesso sono confezionati con spugne sottili e poco assorbenti.
Ci sentiamo però di consigliare l'asciugamano-grembiule di Cuddledry, che permette di reggere il bambino appena uscito dall'acqua senza bagnarsi completamente i vestiti. Si tratta di un lungo asciugamano morbido, in cotone biologico e fibra di bambù, che a un'estremità si allaccia al collo della mamma e all'altra è un normale accappatoio per neonato, con un angolo ripiegato a forma di cappuccio.

- **Il nostro verdetto.** Usate un asciugamano di grandezza normale, di spugna soffice, riservato esclusivamente a vostro figlio. Gli accappatoi per neonati spesso vengono regalati, quindi è probabile che lo riceverete in dono.

Termometro da bagno

Il 'consiglio della nonna' di provare la temperatura dell'acqua immergendovi il gomito è la dimostrazione che i termometri non sono necessari. Se proprio non ne potete fare a meno, scegliete un modello che sia anche un termometro per ambienti, in modo da poterlo usare più a lungo.

Vaschetta a due scomparti

È stata pensata quando ancora non esistevano le salviettine umidificate, per permettere di lavare a ogni cambio un neonato ancora troppo piccolo per potergli fare un bagno completo. Costa poco, ma è del tutto inutile.

• **Il nostro verdetto.** Uno spreco di denaro. Se la vaschetta vi sembra inadatta per i primi giorni di vita di vostro figlio, utilizzate per il bagnetto una comune bacinella.

Bagnoschiuma e prodotti per la toilette

La pelle dei bambini è delicata e i neonati non si sporcano giocando o gattonando, quindi la semplice acqua è sufficiente per lavarli; inoltre, l'olio d'oliva o di mandorle dolci è forse la lozione idratante più completa e naturale. Meglio evitare anche lo shampoo, non solo perché i capelli dei neonati non ne hanno bisogno ma anche perché può bruciare se entra negli occhi. Il talco, infine, è dannoso se inalato. Quando poi giungerà il momento di introdurre qualche detergente nella toilette di vostro figlio, occhio alle etichette! Basterà leggere la lista delle sostanze chimiche contenute in un detergente normale per farvi scegliere un prodotto naturale a base di oli ed essenze, anche se costa un po' di più.

• **Il nostro consiglio.** Se vostro figlio detesta farsi lavare i capelli potreste mettergli un'apposita visiera per proteggere gli occhi da acqua e sapone. Ne esistono di diverse, in vendita nei negozi per bambini oppure online.

Forbicine per neonato

Le unghiette dei neonati crescono velocemente e riuscire a tagliarle è spesso un problema: non solo perché sono piccole e sottili, ma perché un bimbo difficilmente sta fermo mentre cercate di fargli la manicure. Il miglior consiglio che possiamo darvi è di compiere questa operazione mentre dorme. Alcuni genitori, per i primi giorni, non tagliano le unghie ma le mordono con delicatezza per eliminare la parte sporgente. Qualsiasi metodo usiate, una limetta potrebbe essere utile per smussare gli angoli dopo il taglio.

Spazzola

I neonati in genere hanno pochi capelli, quindi le spazzole non servono a granché. Una piccola spazzola di setole naturali non troppo morbida, tuttavia, potrebbe rivelarsi utile per massaggiare delicatamente in senso circolare il cuoio capelluto e prevenire o rimuovere la crosta lattea.

L'allattamento al seno

La lista degli acquisti

- ✓ 3 reggiseni da allattamento
- ✓ Coppette assorbilatte
- ✓ Crema per capezzoli
- ? Tiralatte (essenziale in caso di mastite o ingorgo)
- ? Cuscino da allattamento
- ? Copricapezzoli
- ✗ Vestiti da allattamento
- ✗ Bilancia pesaneonato

Negli ultimi anni si assiste a un clamoroso ritorno all'allattamento al seno, raccomandato dall'Organizzazione mondiale della sanità come forma di nutrimento esclusiva fino ai 6 mesi di età. Non vogliamo entrare qui nel merito della discussione: ogni mamma deciderà se allattare il proprio figlio al seno o al biberon. Qualsiasi metodo di allattamento scegliate, il nostro compito è di parlarvi dei prodotti che possono facilitare e rendere più piacevole possibile, per voi e per il vostro bambino, il momento della pappa.

Tiralatte

Permette alla mamma di estrarre il proprio latte per poterlo poi dare al bimbo con il biberon. Il latte può essere spremuto anche manualmente, ma molte mamme preferiscono usare il tiralatte. Vi avvertiamo: anche se fatto per una giusta causa, tirarsi il latte fa sentire come se si fosse una mucca che viene munta. Farsi spremere il seno finché non ne esce il latte non è di sicuro uno dei lati più affascinanti della maternità.

Si può vivere senza?

Un tiralatte è molto utile nei seguenti casi.

- Volete continuare a nutrire il bambino con latte naturale ma vi piacerebbe poter affidare a qualcun altro il compito, in modo da concedervi una pausa.

- Se il bambino è in ospedale, ha qualche problema nel nutrirsi o è troppo piccolo per potersi attaccare al seno (spesso in questi casi il tiralatte viene fornito direttamente dall'ospedale).
- Avete una mastite o un ingorgo mammario causato dall'eccesso di latte.
- Dovete tornare al lavoro, ma volete continuare ad allattare.

Quando acquistarlo?

Il nostro consiglio è di acquistare il tiralatte prima della nascita, senza aprire la confezione e conservando lo scontrino. Usatelo solo se vi serve, in caso contrario restituitelo.

Si può affittare?

I tiralatte di tipo più moderno, analoghi a quelli usati negli ospedali, possono essere affittati anche in farmacia, nei negozi di articoli sanitari o in quelli specializzati in articoli per l'infanzia. A meno che non si tratti di un breve periodo, tuttavia, il costo del noleggio diventa presto esorbitante, quindi se prevedete di usarlo a lungo sarà probabilmente più conveniente acquistarlo.

- **Il nostro consiglio.** Se dovete tornare al lavoro, cominciate ad abituare vostro figlio al biberon con un certo anticipo: i bambini che non l'hanno mai provato ci mettono un po' di tempo ad adattarsi.

Quale versione scegliere?

Manuale o elettrico?

Il tiralatte elettrico costa di più ma in genere è più veloce e stanca meno. È perfetto se pensate di tirarvi il latte ogni giorno, mentre, se pensate di farlo solo in poche occasioni, forse non vale la pena di affrontare il costo. Vi consigliamo di optare per la spremitura manuale solo se avete una produzione molto abbondante o volete estrarvi il latte solo raramente. Lo saprete soltanto dopo che il bimbo sarà nato, quindi se il tiralatte che avete acquistato non va bene per voi, cambiatelo.

Singolo o doppio?

Il tiralatte doppio permette di estrarre contemporaneamente il latte da entrambi i seni. Quello singolo, più economico, è sufficiente per la maggior parte delle mamme, ma se pensate di tirarvi il latte quotidianamente vale forse la pena di prendere in considerazione quello doppio.

Potete fare a meno di...

Potete evitare i cosiddetti 'sistemi integrati', formati da tiralatte e biberon; si tratta perlopiù di un pretesto di alcuni produttori per farvi acquistare, oltre al tiralatte, il loro biberon. È vero che non tutti i bambini amano certi tipi di biberon (in particolare i bambini allattati al seno sono più 'difficili' da accontentare), ma è sufficiente raccogliere in un qualsiasi contenitore sterile il latte spremuto e poi travasarlo nel biberon di vostro figlio.

Contenitori per conservare il latte

Esistono sacchetti specifici per conservare in frigorifero o in freezer il latte spremuto, che comunque può essere raccolto in una qualsiasi bottiglia o contenitore, purché siano sterili. Se utilizzate i comuni sacchetti per congelare, chiudeteli all'interno di un contenitore sterile rigido, per evitare di sprecare il latte in caso di rottura del sacchetto.

Coppette assorbilatte

Si collocano all'interno del reggiseno per assorbire il latte che fuoriesce dai capezzoli durante il giorno, da subito dopo il parto a parecchi mesi dopo (dipende da donna a donna), evitando di macchiare i vestiti. Possono essere usa e getta oppure lavabili; quelle usa e getta sono più pratiche ma naturalmente meno 'verdi', anche se ne esistono di biodegradabili.

Paracapezzoli e copricapezzoli

Sono piccoli dischi sagomati di silicone morbido, che coprono i capezzoli e che il bambino prende in bocca mentre succhia. Non sono essenziali, ma aiutano se si hanno capezzoli piatti o rientranti (in questo caso conviene procurarseli prima della nascita) o ragadi, se il neonato non è ancora capace di succhiare da solo o se ha problemi al palato o alla lingua. Secondo alcuni esperti, se il bambino si abitua a essere allattato con i paracapezzoli, nel tempo potrebbe anche rifiutare di attaccarsi al seno se la mamma non li indossa. Per questo motivo consigliamo di usarli solo se voi o il vostro bambino soffrite di uno dei disturbi appena indicati.

A differenza dei paracapezzoli, i copricapezzoli non si indossano per allattare, ma per prevenire le ragadi e dare sollievo ai capezzoli infiammati.

Il reggiseno da allattamento: guida all'acquisto

Ecco gli elementi che è importante valutare quando si acquistano reggiseni da allattamento.

- **Spalline larghe.** Reggono meglio ed evitano di ritrovarsi con un solco arrossato sulle spalle.
- **Tessuti lavabili in lavatrice.** Non è certo il momento adatto per la lingerie da lavare a mano.
- **Cotone.** Aiuta a mantenere fresco il seno in caso di ingorgo.
- **Facilità e praticità.** Dovreste poter aprire e chiudere ogni coppa con una sola mano: l'altra vi serve per reggere il bambino.
- **Mancanza del ferretto.** Nelle donne che allattano può causare mastiti o noduli.

Possono essere di silicone oppure d'argento. Utilizzate una falda d'ovatta per assorbire il latte che dovesse eventualmente raccogliersi al loro interno.

- **Il nostro verdetto.** La maggior parte delle donne non ha bisogno di paracapezzoli e copricapezzoli, quindi acquistateli solo se siete sicure che vi possano aiutare.

Reggiseno da allattamento

È probabile che in gravidanza abbiate già acquistato uno o più reggiseni specifici, quindi vi chiederete per quale motivo adesso ne dobbiate comprare altri. Come i reggiseni da gravidanza, quelli da allattamento forniscono supporto e contenimento durante la montata lattea, ma in più sono pensati per rendere facilmente accessibile il seno. Sono elastici ma contenitivi, perfetti per seguire nel modo più confortevole il cambiamento di dimensione che attende il seno dopo la nascita. Esistono modelli in cui si apre ogni singola coppa, e modelli allacciati davanti.

Si può vivere senza?

Se allattate al seno sono essenziali, perché vi semplificheranno la vita. Il nostro consiglio è di comprarne 3: uno da indossare, uno nel cassetto, il terzo in lavatrice. Conservate confezione e scontrino nel caso aveste bisogno di una taglia in più o scopriate di non poter allattare.

Quando acquistarlo?

Intorno alla trentaseiesima settimana. Scegliete una taglia in più, perché durante la montata lattea il seno si ingrossa.

Cuscino da allattamento

Può sembrare superfluo, ma non lo è: una buona posizione non solo allevia il mal di schiena, ma permette al bambino di attaccarsi meglio. Se aspettate dei gemelli e desiderate allattarli al seno, il cuscino è essenziale. Anche chi allatta con il biberon può usare un cuscino da allattamento, che aiuta a sostenere la schiena e migliora la postura di mamma e bambino. È utile anche durante la gravidanza, perché permette di dormire meglio, e quando il bambino sta imparando a sedersi da solo, perché sorregge la schiena e impedisce che il piccino cada in avanti o all'indietro.

Crema per capezzoli

È essenziale per alleviare ragadi e arrossamenti. In alternativa, è ottimo il massaggio con l'olio di mandorle dolci.

Vestiti da allattamento

Magliette, camicie e vestiti espressamente concepiti per le mamme che allattano non sono realmente necessari; basta scegliere abiti comodi – l'ideale è che siano aperti sul davanti – che permettano di scoprire il seno senza troppa difficoltà. Solo se portate sempre a spasso vostro figlio in una fascia, potreste aver bisogno di vestiti che vi lascino scoprire il seno senza dover spostare fascia e neonato.
Se volete essere protette dagli sguardi altrui mentre allattate in pubblico, bastano una grande stola, uno scialle o un poncho.

Bilancia pesaneonato

Costosa e del tutto inutile: il neonato viene pesato più che a sufficienza in occasione delle visite dal pediatra, e non è quindi necessario pesarlo a casa. Se avete qualche preoccupazione in merito all'accrescimento e volete pesare vostro figlio anche a casa, usate la normale bilancia del bagno. Basta pesarsi con il bambino in braccio e poi senza, e calcolare la differenza.

Il biberon e le prime pappe

La lista degli acquisti

- ✓ 6 biberon
- ✓ Sterilizzatore
- ✓ Seggiolone
- ✓ Set da svezzamento (piattino e cucchiaino)
- ✓ Tazza educativa con manici e beccuccio
- ? Contenitori per conservare il latte
- ? Latte in polvere per neonati
- ? Dosatore per latte in polvere
- ? Frullatore
- ✗ Scaldabiberon

Biberon

Un tempo il biberon non era una cosa complicata: una bottiglia di plastica o di vetro con una tettarella. Oggi i biberon si sono fatti più tecnici, con sistemi anticolica e antirigurgito e tettarelle ortodontiche. Ecco qualche semplice consiglio per scegliere il biberon più adatto a voi e al vostro bimbo.

Quanti acquistarne?

Dipende. Se allattate esclusivamente con il biberon, può essere utile averne 6, in media uno per ogni pasto giornaliero almeno per le prime settimane. Questo perché il biberon va sterilizzato prima di ogni utilizzo, e potreste essere talmente stanche e indaffarate da non avere il tempo e la voglia di farlo immediatamente dopo l'uso.
Se pensate a un allattamento misto seno/biberon, o se pensate di tirarvi il latte, compratene 2 ed eventualmente aumentate il numero.
Se allattate esclusivamente al seno, compratene un paio nel caso le cose non funzionino come avete pianificato, o se avete intenzione di tirarvi occasionalmente il latte.

Il biberon: vocabolario essenziale

Tettarella

È l'estremità morbida da cui il bambino succhia il latte. La maggior parte delle tettarelle è prodotta in silicone trasparente, anche se ne esistono ancora in latex (gomma gialla), più tradizionali, ma che con il tempo tendono a diventare opache. Il silicone è più facile da pulire, mentre la gomma deve essere sostituita più spesso; tuttavia è più morbida, calda e naturale, e più simile alla pelle della mamma. Alcune marche, come la Avent, producono solo tettarelle in silicone; altre, come la Chicco, offrono entrambi i modelli. Potete cercare di adattare una tettarella di una marca alla bottiglia di un'altra, ma verificate che non perdano gocce di latte.

Flusso regolabile

Le tettarelle si distinguono secondo la velocità di flusso che offrono: lenta, media, veloce e variabile. La velocità di flusso e/o il numero e la grandezza dei fori sulla tettarella determinano la quantità di latte che vostro figlio assumerà succhiando. In genere si usa una tettarella lenta da 0 a 3 mesi, media da 3 a 6 e veloce da 6 mesi in poi. Tuttavia, la cosa migliore è osservare le reazioni del bambino: se vostro figlio sembra arrabbiarsi mentre succhia, o se cade addormentato a metà poppata, forse è meglio passare a un'apertura più larga della tettarella, quindi a una velocità superiore. Le tettarelle a velocità variabile permettono al latte di uscire più o meno lentamente a seconda della posizione della ghiera o della bottiglia.

Sistema o valvola anticoliche

È un sistema, in dotazione ad alcuni biberon, per ridurre la quantità di aria che il bambino succhia insieme al latte, in modo da prevenire le coliche. In realtà, che l'aria nella pancia sia davvero la causa delle coliche non è mai stato del tutto dimostrato: tuttavia, è chiaro che i genitori di un bambino che soffre di questo problema farebbero qualsiasi cosa pur di cercare di risolvere la situazione, e questi biberon sono un buon tentativo.
Detto questo, provate anche con un trattamento osteopatico: molto spesso funziona. Consultate il vostro pediatra.

I biberon di piccolo formato (120-150 ml), specifici per i neonati, sono carini ma poco utili: in men che non si dica non saranno sufficienti a contenere tutto il latte che serve a vostro figlio. Meglio iniziare da subito con una bottiglia di formato normale, verificando semplicemente che la tettarella sia adatta a un neonato.

Il biberon: guida all'acquisto

Ecco gli elementi che è importante valutare quando si acquistano i biberon per il neonato.

Le caratteristiche fondamentali

- **Tettarella adatta all'età e all'appetito di vostro figlio.** Se non è così compratela a parte.
- **Facilità di pulizia.** Non sottostimate l'importanza di questo aspetto: dovrete lavare (e nei primi mesi sterilizzare) 6 biberon al giorno. Alcuni modelli hanno un maggior numero di parti da assemblare (e da lavare); ricordate inoltre che le bottiglie larghe sono più comode da pulire di quelle strette.
- **Possibilità di lavarlo in lavastoviglie.** La maggior parte delle bottiglie possono essere lavate nel cestello superiore, una volta che non sia più necessario sterilizzarle (considerate però che il lavaggio in lavastoviglie tende a opacizzare precocemente la plastica).
- **Accessori vari.** Alcune marche propongono manici e beccucci per usare il biberon anche quando il bimbo sarà più grande.
- **Compatibilità con l'allattamento.** I biberon prodotti da alcune marche si dichiarano completamente compatibili con l'allattamento al seno, perché il bambino dovrebbe succhiare dalla tettarella esattamente come succhia dal seno. Se pensate di tirarvi il latte o passare all'allattamento misto, provate. Alcuni di questi biberon, come quello prodotto da Adiri, riproducono la forma del seno materno, ma potrebbero risultare piuttosto scomodi da lavare e troppo larghi per entrare negli sterilizzatori standard.

Potete fare a meno di...

- Comprare un biberon solo perché è venduto insieme al tiralatte della stessa ditta: acquistate il kit solo se siete davvero certe che entrambi i prodotti siano perfettamente compatibili con le vostre esigenze.

Biberon speciali

Sono biberon concepiti appositamente per i bambini prematuri o per quelli che presentano problemi di suzione o al palato. Se è il caso di vostro figlio, fatevi consigliare dal pediatra il modello più adatto. Potrebbe anche valere la pena di provare questo tipo di biberon se il vostro bambino rifiuta quello tradizionale.

Biberon usa e getta

Sono perfetti per i viaggi, perché non vanno lavati né sterilizzati. Però occupano un sacco di spazio e non sono propriamente 'verdi' (ma ne esistono anche di biodegradabili). Prima di metterli in valigia, accertatevi che vadano a genio a vostro figlio, il quale magari è abituato a un altro tipo di tettarella.

Biberon a mani libere

È il sistema utilizzato dal biberon Podee: il bambino succhia da una normale tettarella, unita al biberon da una cannuccia flessibile. Il biberon non deve essere per forza tenuto dalla mamma (ed è perciò detto 'a mani libere'): basta che sia appoggiato, in piedi, a una superficie piana accanto al piccolo. È utile per dare il latte contemporaneamente a più bimbi, ovviamente sotto la supervisione di un adulto, ma forse è adatto a bambini più grandi e che possono nutrirsi in modo autonomo, non a neonati che hanno ancora bisogno di sentirsi avvolti dall'abbraccio della mamma. La cannuccia può essere sterilizzata soltanto a freddo.

Biberon senza bisfenolo-A

Recenti studi hanno sollevato molto allarme su una sostanza contenuta nella plastica di alcuni biberon, il bisfenolo-A (Bpa), che viene rilasciata in particolare durante il processo di sterilizzazione a vapore o con acqua calda. Il bisfenolo-A sarebbe responsabile di gravi problemi allo sviluppo ormonale dei bambini, anche se non tutti gli esperti sono concordi sulla reale portata dei rischi. Nel dubbio, meglio scegliere biberon che non contengano questa sostanza (non è difficile reperire online elenchi delle marche che li producono), per esempio in polipropilene, fibre poliammidiche o silicone.

In alternativa, potete usare i biberon di vetro, che hanno solo due difetti: sono più pesanti e naturalmente più fragili di quelli di plastica.

Se invece utilizzate biberon di plastica, il nostro consiglio è di cambiarli quando sono graffiati, perché sostanze come il bisfenolo-A vengono rilasciate in maggiore quantità da una superficie non integra.

Accessori per biberon

Scovolino per biberon

Molto economico, è perfetto per pulire bene il biberon, soprattutto quando il latte si è seccato lasciando qualche piccolo grumo.

Thermos e contenitori termici per biberon

Se avete bisogno di dare un biberon tiepido la notte o mentre siete fuori casa, un thermos manterrà l'acqua calda per parecchie ore: basta mettere per qualche istante il biberon nell'acqua calda, e il gioco è fatto.
Esistono poi specifici contenitori termici che mantengono il biberon già preparato alla temperatura giusta. Sono accessori piuttosto utili, già inclusi in alcune borse per il cambio (in alternativa potrete comprarli a parte).

Dosatore per latte in polvere

Contiene la giusta quantità di polvere per vari formati di biberon. Può tornare utile in viaggio.

Cestello per la lavapiatti

Non è assolutamente indispensabile, ma costa molto poco e aiuta a tenere in ordine tutti i pezzi di cui si compone il biberon.

Scaldabiberon

Non è essenziale: per scaldare il latte, basta mettere il biberon in un pentolino contenente dell'acqua calda.

Scolabiberon

Non è assolutamente indispensabile. Certo, impedisce alle bottiglie di rovesciarsi, ma lo stesso risultato si può ottenere semplicemente usando un normale scolapiatti.

• **Il consiglio del genitore.** «Tengo una piccola scorta di confezioni di latte già pronto, per quando siamo fuori casa. È più costoso del latte in polvere ma veramente utile in questi casi».

Sterilizzatore

Biberon e tettarelle possono essere sterilizzati facendoli bollire per 10 minuti, ma uno sterilizzatore può senz'altro semplificare la vita e aiutare a prevenire incidenti dovuti all'eccesso di stanchezza.

Si può vivere senza?

Lo sterilizzatore è essenziale nei primi mesi di vita del bambino se allattate in modo esclusivamente artificiale o se alternate allattamento al seno e al biberon.

Lo sterilizzatore: guida all'acquisto

Ecco gli elementi che è importante valutare quando si acquista uno sterilizzatore.

Le caratteristiche fondamentali

- **Capienza.** Se vostro figlio è nutrito solo in modo artificiale, forse è bene scegliere un modello che sterilizzi in un'unica volta tutti i biberon usati in un giorno (in media, 6 per un neonato). Se invece allattate al seno, un apparecchio più piccolo può bastare, ma considerate che potreste utilizzarlo anche per sterilizzare altri oggetti, per esempio il tiralatte.
- **Velocità di sterilizzazione.** Se avete urgente bisogno di sterilizzare il biberon perché vostro figlio è affamato e piangente, aspettare 12 minuti che l'apparecchio finisca il suo lavoro può essere un incubo. Il più veloce dei modelli a vapore impiega 5 minuti, quelli a microonde da 2 a 8 minuti.

Potete fare a meno di...

Comprare uno sterilizzatore perché offre dei biberon in omaggio. I biberon potrebbero non essere adatti alle esigenze vostre e di vostro figlio.

I pediatri più 'integralisti' sostengono che sia necessario sterilizzare biberon e set per la pappa almeno fino al compimento dei 12 mesi, perché le stoviglie sono un ideale terreno di coltura per i batteri.
Viene però da chiedersi se ciò abbia realmente senso, visto che a partire da un certo momento tutti i bambini si mettono in bocca ogni cosa, sporca o pulita che sia. La maggior parte dei genitori, comunque, sterilizza solo per i primi 6 mesi.

Quando acquistarlo?

Vale la pena di comprare in anticipo lo sterilizzatore solo nel (rarissimo) caso in cui, già prima del parto, sappiate che non potrete allattare al seno; altrimenti rimandate l'acquisto.

Quale versione scegliere?

Sterilizzazione a freddo

Consiste nel lasciare il biberon per almeno 15-30 minuti in una soluzione ottenuta facendo sciogliere nell'acqua un prodotto liquido o delle compresse di disinfettante chimico. È un metodo che richiede più tempo degli altri, e inoltre la soluzione ha un odore sgradevole che si trasferisce alla tettarella o al biberon. Lo consigliamo solo per sterilizzare i pochi oggetti che non sopportano altri tipi di sterilizzazione, o quando si è fuori casa e non si dispone di uno sterilizzatore a microonde o a vapore.

Sterilizzatore a microonde

Pratico e più compatto di quello a vapore, lo sterilizzatore a microonde non è nient'altro che un apposito contenitore di plastica con il coperchio. Basta riempirlo con gli oggetti da sterilizzare e con una determinata quantità d'acqua e piazzarlo nel forno a microonde per un periodo che varia tra i 2 e gli 8 minuti, secondo il modello e la potenza del forno; se il vostro ha una potenza inferiore a 700 watt, meglio optare per uno sterilizzatore a vapore elettrico.

Può sembrare ovvio, ma vi consigliamo caldamente di verificare se lo sterilizzatore che avete scelto entra nel vostro forno, prima di acquistarlo.
Lo sterilizzatore a microonde non pesa molto ed è comodo da portare in viaggio; è piuttosto ingombrante, ma nella valigia potete comunque utilizzarlo per riporre i biberon. Rispetto a quello a vapore, però, occupa meno spazio sul piano di lavoro della cucina.
Uno svantaggio di questo tipo di sterilizzatore è che in genere contiene non più di 4 biberon, e quindi, se si allatta solo in modo artificiale, non consente di sterilizzare in un'unica volta tutti i biberon usati in un giorno. Inoltre il tiralatte e gli oggetti metallici non possono essere sterilizzati nel microonde.

Sterilizzatore a vapore

Lo sterilizzatore a vapore è una scelta ragionevole se allattate il bambino solo con il biberon, o se avete dei gemelli e dovete sterilizzare parecchie cose ogni giorno. Funziona con lo stesso principio del bollitore elettrico, sfruttando il vapore prodotto per uccidere i batteri.
È importante scegliere un modello veloce (i migliori richiedono 5-6 minuti). Alcuni modelli recenti propongono un ciclo continuo, che mantiene i biberon sterilizzati per 24 ore, ma si tratta di una precauzione tutto sommato inutile: non si è mai sentito di un neonato intossicato da un biberon sterilizzato qualche ora prima dell'uso!

Gli svantaggi dello sterilizzatore a vapore sono l'ingombro e la necessità di rimuovere periodicamente i residui di calcare, se si abita in una zona in cui l'acqua è particolarmente dura. Ma la grande capienza e comodità sono un innegabile vantaggio per chi deve sterilizzare ogni giorno molti biberon.

• **Il nostro verdetto.** Scegliete uno sterilizzatore a microonde molto capiente, purché il vostro forno sia abbastanza spazioso da contenerlo e abbastanza potente. Altrimenti scegliete un modello a vapore.

Seggiolone

Dallo svezzamento al momento in cui vostro figlio sarà in grado di sedersi su una sedia normale, il seggiolone sarà uno dei principali oggetti d'arredamento della vostra cucina. Sceglietelo con attenzione: dovrete vederlo tutti i santi giorni per almeno un paio d'anni. La cosa più importante è che sia facile da pulire: che sia economico e allegro o elegante e costoso, finirà comunque ricoperto di residui appiccicosi.

Si può vivere senza?

Ciò di cui avrete bisogno è una sedia su cui dare da mangiare a vostro figlio, ma non deve essere per forza un seggiolone tradizionale.

Quando acquistarlo?

Non prima dell'inizio dello svezzamento, cioè intorno ai 6 mesi.

Quale versione scegliere?

Tradizionale o portatile?

La maggior parte dei genitori sceglie un seggiolone tradizionale, ma è possibile anche utilizzare un seggiolino portatile che si aggancia al tavolo. È più economico e può essere usato anche fuori casa. Attenzione, però: i seggiolini non si adattano a tutti i tavoli.

Di legno, plastica o metallo?

Negli ultimi anni i seggioloni di legno si stanno riprendendo una rivincita su quelli di plastica o di metallo (che hanno contrattaccato curando molto di più il design, l'allegria e la funzionalità). I seggioloni di legno sono di disegno più semplice e per questo più facili da pulire; possono essere meno confortevoli dei concorrenti, ma in genere basta aggiungere un cuscino.

Con o senza vassoio?

I seggioloni possono essere senza vassoio, con un vassoio rimovibile oppure fisso. Quelli senza vassoio sono pensati per far sedere il bambino al-

Il seggiolone: guida all'acquisto

Ecco gli elementi che è importante valutare quando si acquista un seggiolone.

Le caratteristiche fondamentali

- **Facilità di pulizia.** Evitate il tipo tutto angolini e fessure in cui la pappa può infilarsi (e mai più uscire, o quasi). Preferite le superfici ampie e lisce, facili da pulire con un panno umido.
- **Adattabilità.** Il seggiolone deve poter seguire vostro figlio dalle prime tappe dello svezzamento fino a quando non sarà in grado di sedersi su una sedia normale.
- **Facilità di accesso.** Far sedere il bambino ed estrarlo dal seggiolone non devono essere operazioni complicate. Controllate anche che il vassoio, se è rimovibile, lo sia davvero con facilità.
- **Sostegno adeguato.** Nelle prime fasi dello svezzamento, il seggiolone dovrà sostenere bene la schiena del bambino, in modo che stia seduto comodamente e senza sforzo. Se il modello comprende un cuscino, è fondamentale che sia in tessuto lavabile.
- **Barra di sicurezza.** Ogni seggiolone deve prevedere una barra di sicurezza ai lati della quale far passare le gambine, per impedire che il bambino scivoli in avanti e cada. Se la barra non c'è, è essenziale usare una cintura di sicurezza. Secondo noi le cinture per bambini, per quanto perfette dal punto di vista della sicurezza, non sono una soluzione adeguata (è un incubo tenerle pulite e a volte è anche difficile allacciarle e slacciarle), quindi consigliamo senz'altro un seggiolone con la barra.
- **Cintura di sicurezza in vita.** Essenziale se non c'è la barra, è utile nel caso in cui vostro figlio sia particolarmente vivace e avventuroso e cerchi di alzarsi e uscire dal seggiolone.
- **Stile gradevole.** È meglio che scegliate un oggetto che vi piaccia, perché il seggiolone troneggerà in cucina almeno per un paio d'anni. Naturalmente, questo non è il primo elemento da prendere in considerazione.

Le caratteristiche utili, ma non indispensabili

- **Rotelle.** Se il seggiolone è molto pesante le rotelle risultano utilissime, soprattutto se lo spostate di continuo dalla cucina alla sala da pranzo.

Potete fare a meno di...

- **Sedile reclinabile.** Non serve a niente.
- **Giocattoli incorporati.** Non solo non servono, ma si riempiono di residui di pappa che poi dovrete eliminare.

la stessa tavola dell'intera famiglia per condividere i pasti con mamma, papà e fratellini. Abbiamo provato e possiamo dirvi che funziona, ma se preferite limitare il caos (almeno nella misura del possibile) o se avete un tavolo da pranzo particolarmente prezioso, è meglio comprare un modello con vassoio. Un seggiolone con vassoio rimovibile vi permette di scegliere: per esempio, potete iniziare lo svezzamento con il vassoio e successivamente toglierlo per spostare il bambino alla tavola 'grande'.

Convertibile o no?

Alcuni seggioloni possono trasformarsi con il tempo in vere e proprie sedie, accompagnando la crescita di vostro figlio dallo svezzamento a quando siederà alla scrivania per fare i compiti. Questi modelli sono di solito di legno e costano più degli altri; sono una scelta eccellente, ma forse vale la pena di comprarli solo se vi piace anche la sedia in cui si trasformeranno dopo qualche anno.

Pieghevole o fisso?

Se nella vostra cucina non c'è molto spazio, prendete in considerazione un modello pieghevole; in genere i seggioloni di plastica o metallo lo sono. Verificate l'ingombro chiuso dei vari modelli prima di decidervi per l'acquisto. I modelli base, con pochi accessori, sono di solito meno ingombranti.

Tutto per le prime pappe

L'introduzione dei cibi solidi è un passo molto emozionante nel cammino di vostro figlio verso la crescita. La raccomandazione dei pediatri è di aspettare che il bambino abbia compiuto 6 mesi prima di introdurre nella sua dieta qualcosa di diverso dal latte; se avete l'impressione che il vostro piccino abbia sempre fame, parlatene con il pediatra.
Ecco nel dettaglio ciò di cui avrete (o non avrete) bisogno.

Cucchiaino

Ritrovarsi all'improvviso a dover mangiare con il cucchiaino può non essere molto piacevole per un neonato che conosce solo il seno o il biberon, e la forma e la consistenza delle sue prime posate sono fondamentali per il modo in cui vostro figlio accetterà le prime pappe. Per i primi tentativi, quindi, sarà meglio scegliere un modello con la punta di plastica morbida e colorata. Potete farcela con 2 o 3 cucchiaini, ma se ne comprate di più non sarete obbligate a lavarli in continuazione. Più avanti potrete introdurre cucchiaini sia di plastica rigida sia di metallo.

Tazza e piattino

I bambini nell'età dello svezzamento adorano lanciare a terra gli oggetti, un po' per gioco, un po' per caso. Meglio quindi scegliere delle stoviglie carine e allegre ma indistruttibili.
Ciotole e piatti fondi sono meglio dei piatti piani, soprattutto per i bambini più grandi che imparano a mangiare da soli e che riescono a far risalire i pezzi di cibo lungo la parete della scodella. Fate attenzione a scegliere stoviglie che vadano nel microonde e in lavastoviglie.

Tazza educativa con beccuccio

Intorno ai 12 mesi, in genere si raccomanda di smettere di usare il biberon e di passare alle cosiddette tazze educative, cioè quelle con beccuccio. In realtà molti bambini fanno fatica ad adattarsi, quindi non preoccupatevi se anche il vostro abbandonerà il biberon un po' più tardi. È probabile che abbiate bisogno di provarne 2 o 3 tipi prima di identificare quella adatta. Una volta individuata la tazza ideale, acquistatene almeno un altro paio.

Bavaglini

Finché vostro figlio è piccolo, i bavaglini di cotone soffice o di spugna sono più che sufficienti per rimediare a un rigurgito. È quando arriva il momento dei cibi solidi che si deve ricorrere a qualcosa di più robusto, per evitare di dover cambiare completamente il bimbo ogni volta che mangia un po' di pappa di carote.
Potete scegliere tra i modelli con tasca per raccogliere la pappa scivolata, e modelli ancora più sofisticati, con le maniche lunghe, perfetti anche per attività ludiche come dipingere con i colori a dita o giocare con l'acqua. Compratene al massimo 3 o 4; sono un po' più cari degli altri ma la taglia unica vi permetterà di sfruttarli almeno fino ai 2 anni.

Cuocipappa e robot da cucina

Abbiamo provato a cucinare con questi apparecchi pensati apposta per preparare le pappe. Una mamma del nostro gruppo è stata colpita favorevolmente dalla comodità del Babycook, che non solo cuoce a vapore, ma frulla, mescola, scongela e riscalda. Se pensate di preparare da sole tutto ciò che vostro figlio mangerà durante lo svezzamento, allora è la scelta che fa per voi, nonostante il costo iniziale piuttosto elevato. Un aspetto negativo è che lo si usa solo per poco tempo. Non è una necessità primaria e può essere sostituito da un frullatore o da un mixer tradizionale.

Contenitori per pappe e passati

Sono utili per conservare le pappe nel frigorifero o nel freezer. Molti genitori le preparano in anticipo, le congelano e ne usano piccole quantità quando serve. È possibile usare contenitori di tutte le dimensioni, ma più piccoli sono, maggiore flessibilità permettono, perché si può scongelare solo la porzione che serve al momento. Un paio di contenitori a chiusura ermetica saranno molto utili per portare con voi la pappa del bambino quando siete fuori casa. Non sceglieteli troppo grandi.
Gli stampini per i cubetti di ghiaccio sono particolarmente indicati per congelare passati di verdura e brodo vegetale; il silicone morbido di cui sono fatti rende facilissimo estrarre le porzioni.

Tovaglietta antiscivolo

Di gomma, si appoggia sul piano del tavolo e del seggiolone e impedisce al piatto o alla tazza di rovesciarsi. Non impedisce però a un bambino molto determinato di rovesciare il pranzo.

Libri di ricette per lo svezzamento

Sono utili per chi ha bisogno di qualche ispirazione diversa dal solito brodo vegetale con semolino. Naturalmente le ricette si trovano anche online.

Ciuccio

Il ciuccio è sia un aiuto per la nanna sia una forma di consolazione, utile soprattutto per i bambini che amano molto succhiare, perché dà loro un'alternativa al seno della mamma. Se offrire o meno il ciuccio a vostro figlio è una decisione che spetta interamente a voi.
Se decidete per il sì, sappiate che i succhiotti ortodontici sono da preferire a quelli rotondi o a ciliegia, in quanto rischiano meno di danneggiare i denti in formazione; alcuni genitori comunque sostengono che per un bambino piccolo è più facile trattenere in bocca un succhiotto a ciliegia.
Le tettarelle di silicone trasparente durano di più, ma ad alcuni bimbi non piacciono, quindi se vostro figlio rifiuta il silicone potete provare con la tradizionale tettarella in latex (gomma gialla), che è più simile alla pelle al tatto. Se vostro figlio ha il suo ciuccio preferito, mettetene via qualcuno di identico: perdere il ciuccio prediletto è un avvenimento molto comune.

• **Il nostro consiglio.** Per attaccare il ciuccio ai vestitini e impedire che si perda o che venga gettato via, comprate una catenella di plastica con la clip.

La nanna: culla e cameretta

La lista degli acquisti

- ✓ Lettino con le sponde e materasso
- ✓ Cassettiera, armadio o entrambi
- ✓ Poltrona comoda per allattare
- ? Soluzione-nanna a misura di neonato (culla, cesta di vimini o amaca)
- ? Fasciatoio
- ? Tende pesanti per creare il buio completo nella stanza
- ? Decorazioni per le pareti

Se la cosa più preziosa, nella vita di una coppia di neogenitori, è senza dubbio il loro bambino, la seconda cosa più importante è il sonno. Ascoltate qualche conversazione tra neomamme (e neopapà): quante ore dorme il piccino e quante ore dormono loro, ecco l'argomento inevitabile, fonte di innumerevoli suggerimenti, ma anche di angosce e sensi di colpa. L'obiettivo di tutti è raggiungere quella sorta di chimera che è 'dormire tutta la notte'.

Ora, quanto tempo passerà prima che possiate di nuovo godere di una notte di sonno decente non dipende certo da dove e in che tipo di letto dorme il vostro bambino, ma ci sono alcune (piccole) cose che possono aiutarvi a superare i primi, difficili mesi.

La prima cosa a cui dovrete pensare è dove sistemare il lettino di vostro figlio. Le linee guida pediatriche per combattere la Sindrome della morte improvvisa del lattante (Sids) informano che per un neonato il posto più sicuro in cui dormire è la camera dei genitori (ma non il loro letto). Dividere la stessa camera rende meno faticosa anche la gestione di poppate notturne e risvegli improvvisi.

Tuttavia i bambini, pur così piccini, tendono a essere compagni di stanza un po' rumorosi, e quanto tempo passerà prima che vi convinciate a spedirlo nella sua cameretta sarà una decisione interamente vostra. Per alcuni genitori, infatti, è un sollievo poter dormire senza sentire l'adorabile neonato che mugola, sospira e russa; per altri, la condivisione della camera potrebbe durare anche anni interi.

Soluzione-nanna a misura di neonato

Prima di passare a un lettino vero e proprio, molti genitori scelgono per la nanna del neonato qualcosa di più piccolo e raccolto, come una cesta imbottita, una culla o una navicella; non proprio diffusissime, ma in crescita, sono anche le amache per neonati.
Questi primi lettini passano molto rapidamente di misura: nel giro di neppure 6 mesi vostro figlio avrà bisogno di un lettino normale. Tenete poi presente che dovrete procurarvi lenzuola e copertine di misure adeguate.

Si può vivere senza?

Rigorosamente parlando, sì. Un neonato può tranquillamente dormire in tutta sicurezza in un lettino di dimensioni normali. Ma spesso i bambini si sentono un po' sperduti in un lettino con le sbarre. Dopo 9 mesi passati nel tepore e nel conforto della pancia materna, per un neonato ritrovarsi a dormire in un lettino dev'essere più o meno, fatte le debite proporzioni, come per un adulto dormire esattamente al centro di uno stadio olimpico. Se il bimbo dorme in camera vostra, una cesta o una piccola culla o la navicella della carrozzina occupano molto meno spazio di un lettino con le sbarre; tutte queste soluzioni, inoltre, permettono di spostare il piccolo senza svegliarlo. Una soluzione alternativa è rappresentata dai riduttori per lettino: di fatto, sono culle semirigide che si appoggiano sopra il materasso, all'interno del lettino con le sbarre.

Per decidere se comprare o no una soluzione-letto a misura di neonato, ecco le opzioni da tenere in considerazione.

- Volete tenere il vostro bambino il più vicino possibile durante la notte e il giorno? Scegliete allora una cesta imbottita o una culla su ruote.
- La vostra stanza da letto è piccola? Allora prendete in considerazione una soluzione meno ingombrante di un lettino con le sbarre.
- Quanto siete disposte a spendere per un oggetto che userete solo per pochi mesi? I cesti imbottiti di solito sono meno costosi delle culle e delle navicelle.
- Pensate di avere anche altri figli e cercate qualcosa di più duraturo? In questo caso scegliete una culla, meglio se su ruote.

Quando acquistarla?

Dovrete organizzare una soluzione per la nanna in tempo per l'arrivo del neonato dall'ospedale.
Analizziamo ora più nel dettaglio quelle specifiche per i primi mesi.

La cesta di vimini: guida all'acquisto

Ecco gli elementi che è importante valutare quando si acquista una cesta di vimini imbottita.

Le caratteristiche fondamentali

- **Fodera lavabile e staccabile.**
- **Imbottitura non troppo pesante.** Serve per evitare che la temperatura corporea del bambino possa aumentare troppo (secondo le linee guida contro la Sids).
- **Cesta robusta.**
- **Manici affidabili.** È necessario per poterla trasportare in sicurezza.
- **Materasso rigido.**

Le caratteristiche utili, ma non indispensabili

- **Supporto.** Non essenziale, ma utile per tenere la cesta alla stessa altezza del vostro letto. Non a tutti i bambini piace essere dondolati, quindi se comprate un supporto a dondolo, accertatevi che sia possibile bloccarlo.

Cesta di vimini

Le ceste di vimini imbottite, foderate di volant e balze, sono indubbiamente molto 'tenere', ma non altrettanto pratiche. Certo, sono meno ingombranti e più facilmente trasportabili di una culla, ma ciò non toglie che siano comunque un po' scomode. Le potete tranquillamente portare a casa di amici, ma se andate in macchina dovrete comunque sistemarle all'interno della navicella della carrozzina (se è omologata), oppure spostare il bimbo nel seggiolino.

Ma la critica principale che si può rivolgere alle ceste è che diventano piccole molto in fretta: non durano più di 6 mesi, anzi in media solo 4. Se la carrozzina che volete acquistare ha anche una navicella staccabile, potete forse evitare di comprare la cesta e usare quella: non sono molto diverse.

- **Il nostro verdetto.** Ottima per le prime settimane, portatile e poco ingombrante, non vale senz'altro la pena di comprarne una esageratamente costosa, perché la si usa solo per poco tempo. L'ideale è farsela prestare o comprarne una usata, sostituendo il materassino (uno nuovo costa una ventina di euro).

La culla: guida all'acquisto

Ecco gli elementi che è importante valutare quando si acquista una culla.

- **Possibilità di eliminare il movimento.** Indispensabile se la sceglierete a dondolo.
- **Spessore adeguato del materasso.**
- **Costo del materasso.** A volte infatti viene venduto separatamente.

Culla

È in pratica un letto con le sbarre molto più piccolo del modello standard, e che può essere montato su due supporti a dondolo oppure rimanere immobile su quattro piedini. Se vi piace l'idea di cullare vostro figlio, ricordate però che un bambino abituato ad addormentarsi in questo modo potrebbe più avanti fare fatica a prendere sonno in un normale lettino.

Le culle in genere sono alla stessa altezza del vostro letto, e permettono quindi di controllare il bimbo attraverso le sbarre anche quando siete sdraiati accanto a lui. Sono perciò la soluzione giusta per chi è attratto dal *co-sleeping* (cioè portare il neonato a dormire con sé nel lettone) ma ne teme i rischi. Tuttavia, questo genere di lettino non è facilmente trasportabile – a meno che non abbia le rotelle – e quindi, se il vostro budget lo permette, potreste decidere di acquistare, per il giorno, oltre alla culla anche una navicella che vi segua ovunque andiate.

Le culle, leggermente più grandi di ceste e navicelle, si usano un po' più a lungo di queste, anche se difficilmente riuscirete a farci dormire un bambino di più di 6 mesi. Sono perfette se vi piace il look 'favola delle fate', e possono essere foderate a piacere con balze e volant e sormontate da baldacchini e veli sospesi. I neonati sono comunque troppo piccoli per apprezzare, quindi si tratta di elementi decorativi che i genitori scelgono esclusivamente per se stessi.

Carrozzina con navicella staccabile

Se comperate una carrozzina con navicella rimovibile potete evitare l'acquisto di culle o ceste. A molti genitori il look più moderno delle navicelle piace più di quello un po' tradizionale di ceste e culle, senza contare che le navicelle sono molto più solide. Si usano dalla nascita fino ai 6 mesi circa.

La carrozzina con navicella staccabile: guida all'acquisto

Ecco gli elementi che è importante valutare quando si acquista una carrozzina con navicella staccabile.

- **Comodità di trasporto e robustezza dei manici.**
- **Facilità di sgancio e aggancio.**
- **Fodera staccabile e lavabile.** Non deve essere eccessivamente imbottita, per evitare che il neonato abbia troppo caldo (secondo le linee guida contro la Sids).
- **Materasso sufficientemente rigido.** Serve per assicurare un buon riposo notturno.

Il grande vantaggio delle navicelle da carrozzina è la loro multifunzionalità: se il neonato si addormenta durante la passeggiata, cosa più che probabile, vi basta sganciare la navicella e rientrare in casa con quella, senza rischiare di svegliarlo.
La navicella può essere portata ovunque, in casa e fuori, e, se provvista di un materasso adeguato, va benissimo anche per la notte. Badate solo che il materasso non sia troppo sottile e che sia abbastanza traspirante per il lungo sonno notturno (secondo le raccomandazioni contro la Sids). Chiedete al rivenditore e, se necessario, cambiate il materasso in dotazione acquistandone uno nuovo. Durante la notte, potete appoggiare la navicella a un supporto in modo che si trovi alla stessa altezza del vostro letto; se usate un supporto per ceste, controllate che le dimensioni siano compatibili.

Unico neo: le carrozzine con la navicella staccabile costano care e, se non avete intenzione di utilizzare una carrozzina, meglio optare per una cesta o una culla. Alcune navicelle, infine, sono omologate per il trasporto in auto, ma a nostro avviso sarebbe meglio utilizzare sempre un seggiolino da neonato.

Amaca

L'idea alla base del crescente successo di questo articolo è che le dolci oscillazioni in tutte le direzioni facilitano il sonno del neonato perché gli ricordano le sensazioni provate nel grembo materno. Si ritiene inoltre che le amache rispettino, più dei lettini tradizionali, la curvatura fisiologica della spina dorsale dei bambini.
Sappiamo di bambini che nelle amache hanno sempre dormito meravigliosamente bene, ma ne conosciamo altri che sembravano detestarle. Del

resto, questo vale anche per culle e ceste: ogni bambino infatti è diverso da un altro. Se comunque avete comprato un'amaca e vostro figlio non sembra proprio apprezzarla, non vi preoccupate troppo: il mercato delle amache è piuttosto fiorente su eBay, e probabilmente riuscirete a recuperare parte del vostro denaro rivendendola online.

Come per le culle tradizionali, sappiate che un bambino abituato ad addormentarsi cullato dal dondolio della sua amaca potrebbe non accettare di buon grado il passaggio a un letto tradizionale, passaggio che tuttavia è inevitabile.

Anche se molte amache sono indicate per un uso fino ai 12 mesi, la maggior parte dei genitori preferisce abbandonarle tra i 6 e gli 8 mesi, non appena il bambino è in grado di mettersi seduto da solo e girarsi. Anche se durano un po' più di ceste e culle, le amache non possono quindi sostituire un lettino tradizionale: sono piuttosto un'alternativa.

Quale versione scegliere?

Esistono 3 modelli di amaca.

- **Tradizionale.** È sospesa ai due lati a un supporto, come la versione in miniatura di un'amaca da giardino.
- **A nido.** Rispetto alla prima, prevede anche un materassino. È appesa a un unico gancio che si attacca all'apertura di una porta o a un sostegno.
- **Il modello Cradle di Leander.** Più simile a una culla che a un'amaca, si appende con un gancio al soffitto o a un apposito treppiede di legno.

- **Il nostro consiglio.** Se sfruttate con intelligenza i prestiti da amici e parenti o il mercato dell'usato, o se avete un ampio budget, potete anche decidere di avere contemporaneamente un lettino e una cesta, oppure una culla e un'amaca… vedete voi. In questo modo potreste anche aiutare vostro figlio ad avere chiara, fin da piccolissimo, la distinzione fra il giorno (in cui si sta nell'amaca o nella cesta, nelle altre stanze della casa) e la notte (in cui si sta in camera, nel lettino o nella culla).

Lettino con le sponde

L'opzione più economica è utilizzare fin dalla nascita un normale lettino con le sbarre. I modelli con le sponde a scomparsa su un lato possono essere affiancati al vostro letto, in modo da eliminare ogni separazione tra voi e il bambino e rendere le poppate notturne più facili, pur in tutta sicurezza.

Il lettino non è fatto per essere trasportato da una stanza all'altra, quindi se durante il giorno volete tenere vostro figlio vicino a voi dovete acquistare anche qualcosa di più piccolo. Una buona soluzione potrebbe essere provare a far dormire il neonato nel suo lettino e, se davvero sembra non trovarsi a suo agio, comprare una cesta non troppo costosa.

Sia che abbiate optato per un lettino fin dal primo giorno, sia che ci arriviate dopo qualche mese passato in una culla o in una cesta, il lettino è senz'altro il luogo in cui vostro figlio passerà la maggior parte delle sue ore, la zona più importante della sua cameretta. Ed è giusto quindi che la scelta sia ben ponderata. Per prima cosa, decidete il modello che vi serve: lo volete con le sponde interamente abbassabili da un lato, oppure volete che il fondo sia regolabile a diverse altezze? Solo dopo aver valutato questi aspetti tecnici prendete in considerazione il design e il colore, in modo da non innamorarvi di una cameretta che non ha alcuna delle caratteristiche tecniche che in realtà vi servono.

⚠ Tutti i letti per bambini devono rispettare gli standard di sicurezza CE, che fissa la distanza massima tra le sbarre a 7,5 cm, e la distanza minima a 5. Le sponde devono avere un'altezza effettiva di 60 cm e almeno 20 sopra il materasso quando completamente abbassate.
I lettini di nuova costruzione rispettano gli standard di sicurezza, ma è possibile che lo stesso non valga per quelli di seconda mano: verificatelo prima dell'acquisto.

Quando acquistarlo?

La maggior parte dei lettini viene consegnata in tempi molto rapidi, mentre se comprate un'intera cameretta coordinata potrebbe volerci più tempo. Se alla nascita usate una culla o una cesta, il bambino non avrà bisogno di un lettino per almeno 4 mesi o più; tuttavia, potrebbe essere una buona idea cominciare a cercarlo anche prima che nasca.

Quale versione scegliere?

I lettini hanno in genere due dimensioni standard: 120x60 oppure 140x70. Il secondo, una volta eliminate le sbarre, si trasforma più facilmente in un letto da bambino più grandicello, utilizzabile fino ai 5-6 anni, mentre il primo non dura in genere oltre i 2-3 anni. In entrambi i casi, tuttavia, prima o poi dovrete comprare un letto di dimensioni standard, quindi nessuno dei due rappresenta un reale risparmio: si tratta solo di posticipare una spesa inevitabile. I letti più piccini, tuttavia, costano meno dei letti più grandi.

Il lettino: guida all'acquisto

Ecco gli elementi che è importante valutare quando si acquista un lettino con le sponde.

Le caratteristiche fondamentali

- **Altezza regolabile.** La maggior parte dei modelli ha 2 o 3 posizioni base. Solo 2 sono veramente fondamentali: con il materasso in alto, in modo che sia possibile prendere in braccio il neonato senza sforzo, e con il materasso in basso, così che i bambini più grandicelli non possano scavalcare le sponde. Le altre posizioni non sono davvero necessarie.
- **Materiali di buona qualità.** Un legno economico può facilmente scheggiarsi, soprattutto con un bambino che usa il lettino come un bersaglio per i propri giocattoli, il che sicuramente accadrà. Un buon legno massello è la scelta migliore, soprattutto se nel futuro pensate di usarlo per un fratellino.

Le caratteristiche utili, ma non indispensabili

- **Sponda completamente abbassabile.** Meglio se dotata di un meccanismo silenzioso che si manovri con una mano sola. Quando si usa il lettino per un bambino più grande, con il materasso nella posizione più bassa, abbassare completamente una sponda permette di rifare il letto o di occuparsi del piccolo senza sforzare la schiena.
- **Sponde regolabili attraverso ganci o pedali.** Provate entrambi i sistemi prima di acquistare il lettino. È importante che il meccanismo sia silenzioso, per poter mettere a letto il bambino senza svegliarlo.
- **Entrambe le sponde abbassabili.** Questo non è un reale vantaggio, visto che la maggior parte dei letti viene appoggiata contro un muro.
- **Paracolpi imbottito sulle sponde.** Moltissimi bambini, quando mettono i denti, mordono tutto quello che gli capita a tiro. Per evitare che vostro figlio rosicchi le sponde del lettino rovinando il legno e rischiando di farsi male con una scheggia, è bene usare un paracolpi imbottito in materiale lavabile (stoffa o plastica).
- **Rotelle.** Possono essere un vantaggio se prevedete di spostare il letto da una stanza all'altra della casa (in questo caso sceglietelo della larghezza giusta per passare dalle porte!), e rendono più facile fare le pulizie. Per ragioni di sicurezza meglio scegliere ruote che si possano bloccare.

Potete fare a meno di...

- **Lettino con giostrina incorporata.** Siete sempre in tempo per fissarne una di vostro gradimento al muro o al lettino stesso.

• **Il nostro verdetto.** La decisione probabilmente dipende da quanto spazio avete e dalla cifra che intendete spendere. Se potete, acquistate subito il modello più spazioso, perché rappresenta la giusta transizione verso un letto 'da grandi'.

Materasso

Negli ultimi anni sono stati messi in commercio materassi per lettini prodotti con nuovi materiali e venduti a prezzi decisamente cari, soprattutto se dotati di 'sistemi per il controllo della temperatura' e di 'sistemi antisoffocamento', messi a punto richiamandosi alle linee guida per la prevenzione della Sids. Secondo noi, e secondo molti pediatri esperti di Sids, si tratta più che altro di un modo per trarre profitto dalle paure dei genitori: questi costosi articoli non sono più sicuri di un materasso standard di buona qualità.

Nella scelta del materasso, le regole da seguire sono solo 2.
• Deve essere rigido, perché il neonato potrebbe soffocare quando si gira a pancia in giù e la sua faccia 'affonderebbe' in un materasso troppo morbido.
• Deve essere della giusta misura: tra i bordi del lettino e il materasso non devono esserci più di 4-5 cm.

L'unico altro consiglio che ci sentiamo di darvi è di comprare un materasso nuovo. Se proprio non potete, utilizzate un materasso di cui conoscete la provenienza, privo di macchie, graffi o buchi, e lavatelo accuratamente prima di utilizzarlo.

Quale versione scegliere?

I materassi per i lettini più diffusi sono di gommapiuma, a molle o in fibra di cocco.

Di gommapiuma

I materassi di gommapiuma sono i più economici, in quanto consistono di una sagoma in schiuma sintetica ricoperta da una federa di maglina; nelle versioni leggermente più sofisticate, all'interno della sagoma di gommapiuma sono ricavati dei buchi che ne aumentano la traspirabilità, diminuiscono il rischio di surriscaldamento e permettono di far colare eventuali liquidi (rigurgiti o altro) lontano dal bambino. In realtà, quest'ultima caratteristica li rende difficili da pulire, per cui è bene, se scegliete questo modello, ricoprirlo con un coprimaterasso traspirante ma impermeabile e antimacchia.

Il materasso: guida all'acquisto

Ecco gli elementi che è importante valutare quando si acquista un materasso per il lettino.

Le caratteristiche fondamentali

- **Compattezza.**
- **Misure adeguate al lettino.** O anche alla culla, alla cesta, alla navicella, a seconda di quello che sceglierete per il vostro bambino.
- **Materasso non troppo pesante.** Per rendere meno faticoso possibile il rifacimento del letto.
- **Coprimaterasso traspirante, ma impermeabile.** Se quello in dotazione al materasso non lo è, compratene separatamente uno a prova di infiltrazione.
- **Spessore della gommapiuma.** Se optate per questa soluzione, la gommapiuma deve avere uno spessore sufficiente per fornire un sostegno adeguato (almeno 8 cm).

Le caratteristiche utili, ma non indispensabili

- **Coprimaterasso e traversa impermeabile.** Mantengono il materasso asciutto in caso di perdite di pipì, rigurgiti o altro, e impediscono che diventi un nido di pericolosi batteri. Traverse e coprimaterasso devono essere traspiranti; evitate il Pvc (materiale di cui sono formati i prodotti più economici), perché in estate impedisce la dispersione del calore. Alcuni tipi sono formati da due strati: cotone da una parte (pensato per essere tenuto a contatto con il corpo d'estate) e impermeabile dall'altro (per le altre stagioni). Potete scommettere che la sera in cui decidete di passare allo strato di cotone vostro figlio bagnerà tutto il lettino.
- **Materasso ipoallergenico.** Solo se il bambino è predisposto alle allergie. Un'alternativa è utilizzare una traversa impermeabile a prova di polvere e di acari.

(+) Più economico di quello in lattice o fibre naturali, è particolarmente indicato per ceste, navicelle o culle, che comunque verranno usate solo per poche settimane.

(+) Leggero, facilita il cambio delle lenzuola.

(+) Non allergenico (la gommapiuma non è un ambiente favorevole agli acari).

(−) Soprattutto se è molto sottile, può appiattirsi e risultare scomodo per i bambini più grandi.

(−) Dev'essere coperto da una federa traspirante ma impermeabile, per evitare che si trasformi in un nido di batteri.

A molle

Questo tipo di materasso è formato da uno strato di molle incassate nella gommapiuma o nella fibra coir (una fibra grezza estratta dal guscio esterno delle noci di cocco), a cui talvolta è associata anche della lana. La fodera può essere di tessuto impermeabile oppure di cotone pesante.

⊕ È più confortevole per i bambini più grandi perché offre un maggior sostegno (è la scelta ideale per i lettini veri e propri).
⊖ Più costoso del materasso di gommapiuma.
⊖ Più pesante e quindi meno maneggevole.

Di fibra di cocco

Le fibre di cocco, da sole o doppiate con lattice e/o lana, sono un materiale naturale tradizionalmente usato per la fabbricazione dei materassi. Di solito questo genere di materassi, facilmente reperibili nei negozi di prodotti 'verdi' per la prima infanzia, è rivestito con fodere di cotone, quindi è necessario acquistare a parte un coprimaterasso impermeabile.

⊕ Completamente naturale.
⊕ Fornisce un sostegno adeguato e dura nel tempo. Non si appiattisce né si deforma, ed è perfetto per i lettini veri e propri.
⊖ Costoso.
⊖ Si trova solo nei negozi specializzati.

• **Il nostro verdetto.** Per il lettino definitivo vi consigliamo di investire in un buon materasso a molle o di fibra di cocco. Per un primo lettino destinato a essere usato solo per pochi mesi o per qualche pisolino pomeridiano, la gommapiuma andrà benissimo.

Materassi biologici e naturali

Molti materassi per bambini sono ignifughi, cioè trattati con sostanze che in caso di incendio non prendono fuoco. Non esistono prove scientifiche che dimostrino che il contatto con tali sostanze sia nocivo per i bambini, ma se volete tenere vostro figlio il più possibile lontano dalla chimica, potreste optare per un materasso naturale di lana o cotone biologici.

Armadio e cassettiera

Potrebbero assorbire la percentuale maggiore del vostro budget, ma contribuiscono, insieme con il lettino, a determinare lo stile della camera.

Si può vivere senza?

Quello di cui avete bisogno sono uno o più contenitori che vi permettano di tenere in ordine tutte le cose che entrano in casa con un bambino: tute e tutine, pannolini, giocattoli ecc. Un armadio o una cassettiera, o entrambi, possono fare al caso vostro anche se non escono da un negozio di articoli per l'infanzia.

Quando acquistarli?

Sarebbe comodo avere tutto in ordine e a portata di mano anche prima della nascita, in modo da essere ben organizzate per quando tornerete a casa con il bambino. Se non è possibile, non sarà certo la fine del mondo! Tenete presente tuttavia che alcuni articoli possono avere un tempo di consegna piuttosto lungo, quindi, se potete, cominciate a fare acquisti intorno al sesto mese di gravidanza.

Quale versione scegliere?

I neonati hanno bisogno di un'enorme quantità di cose, alcune molto piccole, altre più voluminose, e questa quantità tende ad aumentare man mano che il bimbo cresce. Quello che vi servirà senz'altro è una cassettiera, fondamentale non solo per i vestiti, ma anche per pannolini, salviettine, lavette, articoli da toilette ecc. Alcuni modelli hanno un fasciatoio sul top. Un armadio non è essenziale per i primi mesi, perché i vestiti dei neonati non si appendono. Quelli dei bambini più grandicelli sono sempre piuttosto corti, quindi, quando nell'armadio vi servirà uno spazio maggiore, potrete aggiungere un altro bastone appendiabiti.

Il fasciatoio non è indispensabile, ma in certe situazioni è fondamentale per preservare la schiena dei genitori, perché cambiare un pannolino appoggiando il materassino sul letto o per terra è parecchio scomodo. Un fasciatoio aiuta inoltre a tenere tutte le cose che servono in ordine e a portata di mano. Per alcuni genitori è così comodo che lo usano finché il bambino non impara a utilizzare il vasino; altri preferiscono iniziare a cambiare il bambino sul letto quando comincia a gattonare o a camminare, per paura che cada dal top. Esistono fasciatoi che si appoggiano sulle sponde del lettino e che indubbiamente non occupano molto spazio, ma sono poco pratici da spostare e impediscono di abbassare le sponde.

Alcuni fasciatoi sono dotati di ripiani, mentre altri, in genere più costosi, sotto il piano per il cambio hanno cassetti o antine. I secondi sono più utili, perché passata la fase dei pannolini si trasformano in normali cassettie-

L'armadio e la cassettiera: guida all'acquisto

Ecco gli elementi che è importante valutare quando si acquista l'arredamento per la cameretta.

- **Qualità adeguata.** Acquistate un mobile costruito con materiali durevoli, in grado di resistere anche alla vivacità di un bambino di 2-3 anni. I mobili in legno massello sono più costosi ma durano di più di quelli impiallacciati. La fibra di legno (Mdf) è una buona alternativa.
- **Durata.** Non comprate mobili con misure troppo 'da bambino'. Vostro figlio avrà comunque bisogno di essere aiutato a vestirsi per i prossimi anni, quindi è assolutamente irrilevante che riesca o no a raggiungere da solo l'armadio quando ne avrà 2 o 3. Quando sarà il momento potrete sempre spostare più in basso il bastone appendiabiti di un normale armadio.
- **Dispositivi di blocco dei cassetti.** Fondamentali per impedire ai bambini più grandi di aprirli e gettare all'aria tutto il contenuto, e soprattutto di farsi male alle dita chiudendoli.
- **Stile.** Ricordatevi che vostro figlio crescerà, e che qualcosa che abbia un'aria troppo 'da neonato' probabilmente non gli piacerà più quando sarà un bambino 'grande' di 5-6 anni. Questo discorso vale più per i maschietti: le bambine sono meno severe nel giudicare cuoricini e pittura rosa.

re. Da evitare, invece, la versione con la vaschetta per il bagnetto integrata: dal momento che il posto del fasciatoio è la camera del bambino, riempire e svuotare una vaschetta lontano dal bagno è una fatica. Prendetela in considerazione solo se avete un bagno talmente grande da poter collocare il bagnetto fasciatoio di fianco alla vasca (di solito però si tratta di strutture pieghevoli e non di mobili in legno).

- **Il nostro consiglio.** Se nella cameretta non c'è molto spazio, comprate scatole con le rotelle da mettere sotto il letto del bambino, per le cose che non usate immediatamente e per le scorte.

Poltrona per allattamento

Le poltrone disegnate apposta per allattare sono in genere piuttosto costose (difficilmente ne troverete una a meno di 200 euro), ma offrono un comfort assoluto, difficile da trovare altrove; senza contare che con il tem-

po si trasformeranno nell'angolo più comodo per sedersi abbracciati a leggere o a raccontare una storia prima di andare a dormire.
Naturalmente non sono indispensabili, soprattutto se usate un cuscino da allattamento per dare alla schiena il giusto supporto.

Decorazioni per le pareti

Per alcuni futuri genitori, decorare la cameretta con colori e motivi coordinati fa parte delle gioie dell'attesa; per altri, che il neonato dorma in una stanza con i muri bianchi o anche del colore 'sbagliato' non è un problema. Difficile che una bambina possa avere turbe psicologiche perché le pareti della sua stanza sono celesti!
Una scelta più pratica è forse quella di usare per le pareti un colore neutro e decorarle con motivi dipinti o sticker (autoadesivi o decalcomanie). Non solo costano meno, ma potranno essere cambiati facilmente quando ve ne sarete stancati o quando il vostro piccino si rifiuterà di invitare un compagno di scuola in una cameretta con Winnie the Pooh.
Qualche consiglio per la decorazione delle pareti.

- Usate colori resistenti e lavabili: i bambini non hanno molto rispetto per il lavoro degli imbianchini.
- Quando scegliete motivi e decorazioni, pensate a cosa ne dirà vostro figlio tra qualche anno.
- Gli sticker sono la soluzione più economica e più facile da applicare e sostituire.
- Dipingete la cameretta molto tempo prima della sua nascita, in modo da non esporlo a vernice o smalto freschi.

Tende

Alcuni bambini non riescono a dormire se filtra luce nella stanza. Se le imposte o le tapparelle non sono sufficienti per creare il buio totale, soprattutto in estate, può essere una buona idea acquistare o confezionare delle tende spesse e scure, che aiutino a prendere sonno. Alcune ostetriche raccomandano di coprire la culla con un velo color porpora, che dia alla luce quel caldo colore rosato che il bambino percepiva quando era nella vostra pancia.

- **Il nostro consiglio.** Acquistate per la cameretta una lampada dalla luce molto fioca, oppure applicate un varialuce alla lampada esistente, in modo da creare un ambiente accogliente per i risvegli e le poppate notturne.

La nanna: lenzuola e coperte

La lista degli acquisti

- ✓ Lenzuola (se per i primi mesi prevedete una soluzione diversa dal lettino, avrete bisogno di 2 completi di dimensioni differenti)
- ✓ 3-4 lenzuola con angoli
- ✓ 2 protezioni per il materasso
- ✓ 2-3 sacchi nanna o 4 coperte e 3-4 lenzuola piane
- ? Copertina avvolgente
- ? Divisorio per lettino (solo per gemelli)
- ? Cuscino di posizionamento
- ? Pelle di pecora
- ? Rete antigatto (ovviamente, solo se avete un gatto)
- ? Paracolpi imbottito
- ? Copriletto
- ✗ Cuscino e trapunta (non per bambini sotto i 12 mesi)
- ✗ Cuscino per tenere il neonato sdraiato sulla schiena

Le lenzuola e i completi da lettino sono una delle poche cose, nella vita di un neonato, che si possono comprare anche senza possedere un gergo troppo specialistico: niente di paragonabile ai sistemi anticoliche o all'alta tecnologia di biberon e materassi.
La decisione principale da prendere è se volete rimanere fedeli al tradizionale set di lenzuola e copertina, o se preferite scegliere invece un sacco nanna, sempre più diffuso.

Sacco nanna

Ai non iniziati, il sacco nanna può sembrare solo una trovata per far spendere soldi ai genitori, ma non è così. Secondo noi si tratta invece di una delle migliori invenzioni degli ultimi anni, soprattutto, poi, in caso di bambini un po' 'movimentati' durante il sonno.

Come descriverlo? Come un piccolo sacco a pelo che però lascia fuori le braccia, aperto davanti con una zip oppure abbottonato sulle spalle, chiuso al fondo in modo che il bambino non prenda freddo, pur disponendo di spazio sufficiente per sgambettare. Non ha le maniche, quindi favorisce la dispersione del calore in eccesso (sotto, si mette un body o una maglietta a maniche lunghe perché il neonato non abbia freddo alle braccia). Deve essere scelto della giusta misura, in modo che non scivoli dalle spalle, e del giusto peso, in modo che non sia troppo leggero né troppo pesante.

In genere i sacchi nanna sono di morbida flanella o maglina di cotone, ma possono essere anche imbottiti in poliestere per le notti più fredde. Ne esistono di cotone biologico, e sono disponibili in tutte le fantasie e colori. Quale scegliere dipende solo dai vostri gusti. Secondo noi, non c'è storia: i sacchi nanna battono le lenzuola tradizionali senza nessuno sforzo.

Per i primi giorni, se volete che vostro figlio si senta ancora più protetto, potete scegliere una copertina avvolgente, a fascia. È simile a un sacco nanna tradizionale, ma ha una falda che si richiude contro il corpo del bambino avvolgendolo dolcemente, braccia comprese.

I vantaggi

- Il bambino non rischia di scoprirsi e di svegliarsi perché ha freddo o è scomodo. Cosa ancora più importante, non c'è alcun rischio che il bambino si copra la testa con la coperta e respiri male, o che si surriscaldi.
- È facile stabilire quale modello e peso utilizzare a seconda della temperatura della stanza (a differenza che con le coperte).
- Impedisce ai bambini più grandi e avventurosi di arrampicarsi sul lettino, ma non li limita nei movimenti fisiologici del sonno.
- In viaggio occupa pochissimo spazio, meno delle lenzuola e delle coperte tradizionali.
- Mantiene il bambino comodo e al caldo durante le poppate notturne, senza bisogno di estrarlo dalle coperte.

I sacchi nanna sono forse leggermente più costosi dei completi di lenzuola e coperte: tenete presente che per arrivare fino ai 2-3 anni di vostro figlio avrete bisogno di cambiare misura un paio di volte. Secondo i genitori che li hanno provati, valgono comunque la spesa.

Si può vivere senza?

Forse no, a meno che non preferiate le coperte tradizionali.

Il sacco nanna: guida all'acquisto

Ecco gli elementi che è importante valutare quando si acquista il sacco nanna per il neonato.

Le caratteristiche fondamentali

- **Niente maniche e cappuccio.** Se ci sono le maniche, toglietele per evitare che il bimbo si riscaldi troppo. Il cappuccio è assolutamente da evitare per il rischio di soffocamento.
- **Lavabile a 40 °C o più.** E che possa anche essere centrifugato.
- **Chiusure sicure.** Una zip o bottoni, alle bretelle o sul fondo. I sacchi apribili sul fondo sono più comodi per cambiare i neonati durante la notte. Per i bambini più grandi, a partire dai 12 mesi, meglio scegliere una zip a prova di avventura, che non riescano ad aprire da soli. Fate attenzione che zip o chiusure non irritino la pelle del bambino.

Le caratteristiche utili, ma non indispensabili

- **Indicazione del peso e dello spessore (*tog*).**
- **Compatibilità con il seggiolino per auto.** Per trasferire senza traumi il bambino dalla macchina al lettino e viceversa.

Quando usarlo?

Alcuni sacchi nanna non sono indicati per i bambini sotto un certo peso: sarebbe meglio usarli solo a partire dai 4,5 kg. Se volete utilizzare il sacco nanna fin dal primo giorno, badate di scegliere un modello per neonato (0-3 mesi), che sia soprattutto delle dimensioni adatte intorno allo scollo e al cui interno il bambino non scivoli durante il sonno.

- **Il nostro consiglio.** Se vostro figlio nelle prime settimane dorme in una cesta o in una culla o nella navicella della carrozzina, per questo primo periodo potrete utilizzare lenzuola e copertine, e passare al sacco nanna quando lo metterete a dormire nel lettino vero e proprio.

Quanti acquistarne?

Almeno 2-3 se potete affrontare la spesa: uno in uso, uno nel cassetto, uno a lavare.

Di quale peso?

La maggior parte dei sacchi nanna riporta indicazioni precise sulla quantità di calore che sono in grado di assicurare al vostro bambino (in inglese, *tog*; più è elevato il valore del *tog*, più il sacco è caldo). In genere, se le confrontate con le informazioni analoghe che si trovano sulle coperte per adulti, le quantità di calore per bambini sembrano straordinariamente basse. Non preoccupatevi: sono perfettamente adeguate ai bisogni di un neonato anche nell'inverno più freddo ed evitano che la sua temperatura corporea aumenti troppo (secondo le linee guida contro la Sids).
Quindi:
- per la primavera e l'autunno, usate un sacco nanna da 1,5 *tog*;
- per l'estate, 0,5 (corrisponde solo al lenzuolo) oppure 1 *tog* (lenzuolo + 1 coperta);
- per l'inverno, 2,5 (lenzuolo + 2 coperte) oppure 3 *tog* (lenzuolo + 3 coperte), indicati con temperatura ambiente da 16 a 19 °C (non superare i 19 °C nella camera in cui dorme il bambino).

Copertine

Sul mercato si trovano copertine da neonato davvero bellissime, ma aspettate a comperarle perché è possibile che ne riceviate qualcuna in regalo.
L'unica caratteristica realmente importante è che sia lavabile: non pensate nemmeno per un istante a comprare un capo che debba essere lavato a mano o in tintoria, non importa se è la coperta più bella che abbiate mai visto o quella regalata dalla vostra migliore amica.

Questi sono i materiali più usati per le coperte per lettini.
- Cotone e pile di cotone. Il materiale più tradizionale, per la sua leggerezza e traspirabilità.
- Acrilico. Più caldo del cotone, ma non molto indicato per le pelli sensibili. È preferibile scegliere un tessuto misto di acrilico e viscosa.
- Pile. È fin troppo caldo per la cameretta, ma perfetto per l'esterno e la carrozzina, se fa veramente freddo. Molto soffice, facile da lavare e veloce ad asciugare.
- Lana. Comoda per la carrozzina e l'esterno. Assicuratevi che sia lavabile in lavatrice.

Ricordatevi che i bambini sotto i 12 mesi non devono dormire con il cuscino né con coperte pesanti.

Si può vivere senza?

No: anche se in casa utilizzate un sacco nanna, avrete bisogno di qualche coperta per la carrozzina.

Quando acquistarle?

Dalla nascita.

Quante acquistarne?

- 3 copertine leggere per il neonato che dorme in una cesta o in una culla (solo 2 se pensate di usare il sacco nanna fin da subito).
- 2 coperte di lana o di pile per la carrozzina, per le giornate veramente fredde (solo una se pensate di comprare un sacco di piumino). Eventualmente, potete aggiungere anche le copertine più leggere.
- 3 o 4 di giuste dimensioni per il lettino definitivo (solo una se usate il sacco nanna).

Lenzuola

Possono essere con o senza angoli e di diversi tessuti.

Con gli angoli o senza?

Le lenzuola con gli angoli vestono meglio il materasso, fanno meno grinze e sono più comode da mettere; quando le acquistate verificate che siano di dimensioni adatte al vostro materasso. Se non usate il sacco nanna, avrete bisogno anche di lenzuola piane per la parte superiore.

Di quale tessuto?

I completi da letto e le lenzuola singole per bambini sono disponibili in alcune varianti di tessuto.
- Cotone. Perfetto per i mesi più caldi.
- Caldo cotone o flanella. Ideale per l'inverno.
- Spugna e jersey di cotone. Adatti in genere per le lenzuola con gli angoli.

Quando acquistarle?

Prima della nascita, scegliendole della dimensione adatta al tipo di sistemazione che avete previsto.

Quante acquistarne?

- 3-4 lenzuola con gli angoli, e altre 3 piane, di dimensioni adatte a cesta, culla o carrozzina (inutili se usate il sacco nanna).
- 3-4 lenzuola con angoli della dimensione del lettino definitivo, e altre 3-4 piane (inutili se usate il sacco nanna).

Le quantità che consigliamo di acquistare si basano sull'eterno principio: una si usa, una a lavare e una (o più) nel cassetto.

- **Il nostro consiglio.** Se usate sia una cesta sia una culla o la navicella della carrozzina, comprate le lenzuola della dimensione più grande (in genere la navicella). Così non dovrete preoccuparvi di accoppiare, dopo il lavaggio, completi di dimensioni differenti.

Protezione per il materasso

Se il materasso che avete scelto non è dotato di un coprimaterasso impermeabile, dovrete necessariamente acquistarne uno a parte. Dovrà essere impermeabile ma traspirante, per evitare che il bambino abbia troppo caldo o che l'umidità ristagni.
Oggi si trovano in commercio traverse di cotone felpato che non hanno più l'aspetto rigido e duro, da tela cerata, che avevano un tempo, perché lo strato impermeabile di poliuretano è inserito tra due strati di cotone. Se optate per una traversa piana invece che per un coprimaterasso con gli angoli, potrete usarla in più occasioni, per esempio come 'salvadivano' volante nel periodo di educazione al vasino o in caso di vomito; anche i coprimaterassi più piccoli, da carrozzina o da culla, potranno essere utilizzati per coprire il seggiolino della macchina o del passeggino soprattutto nelle settimane cruciali in cui vostro figlio o vostra figlia abbandonerà il pannolino.

Quante acquistarne?

Avrete bisogno di 2 protezioni della misura della culla e di 2 della misura del lettino.

Copertina avvolgente

Avvolgere il neonato in un tessuto morbido, tiepido e contenitivo è uno dei modi migliori per calmarlo e rasserenarlo. Uno dei riflessi neonatali, il

riflesso di Moro, spinge il bambino appena nato ad agitare bruscamente braccia e gambe: avvolgerlo in una coperta leggera, massaggiarlo sullo stomaco e stringerlo dolcemente lo aiuta a rilassarsi.
Questo risultato si può ottenere con qualsiasi lenzuolo morbido o coperta non troppo pesante: ma capire come posizionare correttamente i lembi per 'impacchettare' un neonato non è semplice.
Meglio affidarsi allora alle copertine avvolgenti, sicure e facili da far indossare e da togliere. Sono anche un'eccellente forma di transizione verso il sacco nanna; possono essere utilizzate anche con i neonati e sono consigliabilissime nel caso di bambini un po' nervosi, difficili da calmare.

Quante acquistarne?

Cominciate con una, e se a vostro figlio sembra piacere compratene un altro paio.

Pelle di pecora

Una ricerca pubblicata sulla rivista medica 'The Lancet' ha stabilito che il vello di pecora non solo ha un effetto calmante sui neonati, ma ne aiuta anche la termoregolazione, tenendoli freschi d'estate e caldi d'inverno. Viene tra l'altro utilizzato in molti reparti per prematuri, perché le ricerche suggeriscono che aiuta i piccolini a prendere peso.
Gli studi hanno anche dimostrato che non esistono rapporti tra l'uso della pelle di pecora e la Sids: ovviamente, come su ogni superficie, i neonati non devono mai dormirvi a pancia in giù, ed è forse meglio evitare di usarla nel lettino a partire dal momento in cui il bambino riesce a rotolare da solo.

È perfetta come imbottitura per il passeggino o la sdraietta, ed è una superficie su cui giocare e rilassarsi.

• **Il nostro consiglio.** Quando acquistate una pelle di pecora, verificate che sia specifica per bambini e lavabile in lavatrice.

Copriletto e trapunta

Trapunta o piumino imbottito sono controindicati per la nanna dei bambini fino ai 12 mesi: troppo caldi e troppo pesanti, rischiano di surriscaldare un neonato e di soffocarlo con il proprio peso.

Il copriletto, generalmente più leggero, si può usare a partire dai 3,5 kg di peso del neonato, ma è meno versatile di una coperta leggera.

• **Il nostro consiglio.** Se vi hanno regalato una trapunta imbottita, utilizzatela più avanti come tappeto da gioco. Resistete alla tentazione di appenderla sopra al lettino come un paracolpi imbottito: potrebbe cadere addosso al bambino, rischiando di soffocarlo.

Paracolpi imbottito

È una piccola trapunta di stoffa su misura, che si fissa con dei nastri alle sponde del lettino o della culla per evitare che il bambino, muovendosi, possa sbattere contro le sponde. Impedisce inoltre di infilare tra le sbarre braccia o gambine, o che i ciucci e i peluche scivolino a terra.
Nel passato è stato ipotizzato che i paracolpi potessero contribuire a innalzare eccessivamente la temperatura dei neonati, ma di recente si è stabilito che non è vero.

⚠ Verificate con regolarità i nodi dei nastri e la loro lunghezza, perché nastri liberi che penzolano nel lettino possono costituire un pericolo.

Altri accessori

Meno comuni e meno indispensabili dei precedenti, ma possono risultare di una certa utilità in determinate circostanze.

Rete antigatto e zanzariera

Si collocano sopra la culla o il lettino per impedire all'animale di casa di saltarci dentro, o a zanzare e insetti di pungere il neonato che riposa.
La rete antigatto è a maglie più larghe e rigide, e deve essere fissata saldamente, in modo che non si rovini se il gatto ci si arrampica sopra. Anche se il vostro micio non farebbe male a una mosca, la rete gli impedisce di schiacciare un pisolino nella culla, con il rischio di soffocare il bambino.

Cuscino di posizionamento

Esistono 3 diversi tipi di cuscini di posizionamento, cioè piccoli cuscini semirigidi che mantengono i bambini addormentati in una determinata posizione.

Cuscino per tenere il neonato sdraiato sulla schiena

In pratica si tratta di due cilindri di stoffa in mezzo ai quali è lasciato uno spazio; il neonato dorme tra i due 'rotoli'. Non è raccomandato dai pediatri, e a nostro avviso è inutile: un neonato messo a dormire sulla schiena rimarrà da solo nella stessa posizione; quando sarà in grado di girarsi sarà abbastanza forte da tornare anche nella posizione di partenza.

Cuscino per tenere il neonato sul fianco

La posizione di sicurezza contro la Sids è sulla schiena, quindi questo cuscino viene consigliato (dai produttori stessi!) solo per evitare che la testa del bambino si appiattisca sulla nuca nei primi mesi. La 'sindrome della testa piatta', tuttavia, non è una patologia e, soprattutto, è reversibile: crescendo, vostro figlio avrà una nuca perfettamente normale. Se il pediatra vi dice che per qualche altro motivo fisiologico è meglio che il vostro bambino dorma sul fianco, chiedetegli consiglio su come farlo; a volte basta un asciugamano arrotolato e infilato sotto la schiena.

Cuscino sagomato per tenere la testa e le spalle del neonato leggermente più in alto rispetto al tronco

In genere è di schiuma rigida e si colloca sopra il materasso. È utile per ridurre il reflusso e aiuta il bimbo a respirare un po' meglio se ha il raffreddore. Prima di comprarne uno, provate a mettere un paio di libri sotto la parte superiore del materasso per tenerlo un po' sollevato. Se ne comprate uno, verificate che sia davvero rigido, per evitare qualsiasi rischio di soffocamento.

Divisorio per lettino

Si tratta di una barriera di stoffa che divide il lettino in due metà, permettendo a due gemelli di dormire nello stesso letto, piede contro piede. Alcuni genitori lo usano anche per un solo figlio, perché dimezzando la lunghezza del letto impedisce al neonato di scivolare sotto le coperte, rischiando di surriscaldarsi o soffocare.

A nostro avviso, in questo secondo caso è del tutto inutile, perché lo stesso risultato si ottiene con il sacco nanna; e anche se non lo si usa, non è difficile fermare le coperte e le lenzuola in modo che non scivolino sopra la testa del bambino.

Fuori casa: i 'mezzi di trasporto'

La lista degli acquisti

✓ Carrozzina e/o passeggino completamente reclinabile (inutile se usate solo fascia o marsupio)

✓ Parapioggia per carrozzina e/o passeggino

? Sacco nanna di piumino per carrozzina e/o passeggino

? Parasole e zanzariera

? Fascia portabebè o marsupio

✗ Ombrellino per carrozzina e/o passeggino

Quando abbiamo chiesto ai genitori del nostro gruppo quale acquisto li avesse messi più in difficoltà, al primo posto della lista c'erano carrozzina e passeggino. Perché è così difficile scegliere il primo mezzo di trasporto? Forse perché l'offerta è vastissima, perché è una scelta dettata anche dalla moda, e infine perché il passeggino ideale non esiste.
Anche se vi alletta l'idea di avere un passeggino chic, magari lo stesso di qualche neonato vip, non dimenticate che la cosa più importante è la praticità. Ma ovviamente non è detto che un passeggino bello e di design debba essere per forza scomodo.

Carrozzina e/o passeggino

Per un bambino appena nato, e finché la muscolatura della spina dorsale non si è sviluppata a sufficienza, la posizione migliore è quella sdraiata, a 180°. I passeggini non completamente reclinabili, quindi, non sono adatti fin dai primissimi giorni di vita.

Le opzioni a questo punto sono 3.
• **Carrozzina.** La navicella può essere fissa oppure parte di un sistema 3 in 1, cioè sganciabile dal telaio e trasportabile con due manici di stoffa. La carrozzina è senza dubbio il miglior sistema per permettere a un neonato di distendere in modo fisiologico la spina dorsale: è un comodo lettino per il giorno e per la notte e, se la navicella è omologata, vi permette

Vocabolario essenziale dei mezzi di trasporto per neonati

- **Carrozzina.** Una navicella (fissa o staccabile) montata su ruote e spinta a mano.
- **Ovetto.** Il seggiolino per auto del gruppo 0 (o 0+), di forma piccola e compatta.
- **Passeggino.** Più leggero della carrozzina, permette al bambino di stare seduto o in posizione semireclinata; alcuni modelli sono completamente reclinabili.
- **Travel system.** Un passeggino sul cui telaio si può agganciare un seggiolino per auto del gruppo 0+ (ovetto).
- **2 in 1, 3 in 1.** Una versione più sofisticata del Travel system: un'intelaiatura a cui possono essere agganciati una navicella, un seggiolino da viaggio a ovetto e un passeggino (3 in 1), oppure un passeggino reclinabile che si trasforma in navicella (2 in 1).
- **Passeggino a ombrello.** Il più leggero, si piega come un ombrello.
- **Passeggino telescopico.** Si chiude più facilmente di quello a ombrello ed è in genere più solido.

di trasportare il bambino in macchina senza disturbarlo. Se usate la navicella come culla anche durante la notte, accertatevi che il materasso sia rigido a sufficienza.

- **Passeggino completamente reclinabile.** Dev'essere naturalmente omologato per i neonati (con il simbolo 0 oppure 0+). Se il sedile non è abbastanza confortevole, potete aggiungere una pelle di pecora.
- **Travel system.** Si tratta di un passeggino al cui telaio può essere agganciato anche un seggiolino adatto al trasporto in auto (ovetto). È un sistema molto comodo perché permette di trasportare il bambino che si è addormentato in macchina senza svegliarlo. La posizione che il neonato assume nell'ovetto, tuttavia, non è perfetta per lo sviluppo della spina dorsale né per la respirazione, anche se l'ovetto, a nostro avviso, è più sicuro della navicella della carrozzina in caso di incidente.

E quando il bimbo crescerà?

Dopo i 6 mesi (ma forse anche prima), né l'ovetto né la carrozzina saranno più utili. Comincerete ad avere bisogno di un passeggino che sia sì reclinabile (anche se non è più necessario che lo sia completamente), ma che soprattutto sia leggero, robusto, maneggevole e facile da piegare (e che entri nel bagagliaio dell'auto insieme alla spesa).
Se siete disposti ad affrontare la spesa, una buona soluzione può essere

quella di comprare due passeggini: iniziate con qualcosa di non troppo costoso, che tuttavia si reclini completamente e sia comodo anche per un neonato di poche settimane, e quindi passate, dopo i fatidici 6 mesi, a qualcosa di meno ingombrante e più leggero.
In questo modo, se saprete scegliere bene, non solo non spenderete di più, ma non dovrete scendere a compromessi pericolosi per la spina dorsale del bambino.

Quando acquistarli?

Anche se magari sarete troppo stanche e non ne sentirete immediatamente la necessità, prima o poi, dopo essere tornate dall'ospedale con il bambino, avrete voglia di uscire a prendere un po' d'aria insieme con lui. Quindi è bene dotarsi di un mezzo di trasporto adeguato con un certo anticipo: ordinatelo prima della nascita, in modo da poterlo ricevere in tempo. Alcuni modelli di carrozzine o di passeggini devono essere montati, quindi imparate a farlo in anticipo per familiarizzare con il meccanismo e con le sue parti: come si piega, come si aggancia e sgancia, come si bloccano i freni, dal momento che diventerà un oggetto indispensabile per la vostra famiglia.

• **Il nostro consiglio.** Quando siete in negozio, fate un giro con il passeggino per testarne la maneggevolezza: provate a curvare, a bloccare i freni, a sganciare e agganciare la navicella e l'ovetto per i sistemi 3 in 1, a piegarlo usando una mano sola (sarà la situazione tipica in cui vi troverete a farlo: con il bambino in braccio).

Scegliere il passeggino

Nell'acquisto di un passeggino, la cosa più importante da tenere in considerazione è il vostro stile di vita. Al limite, se le vostre necessità sono tante e non sono armonizzabili fra loro, potrete sempre comprarne due, magari di seconda mano. Siate oneste con voi stesse: un passeggino da trekking con le ruote ammortizzate adatte allo sterrato è forse una spesa eccessiva se nel vostro stile di vita l'idea di passeggiata è andare a bere un caffè con le amiche.

Ecco gli elementi da prendere in considerazione per una scelta meditata.

Che caratteristiche ha la vostra abitazione?

A che piano abitate? Nel vostro palazzo c'è l'ascensore, e nel caso quanto è grande? Potete lasciare il passeggino in fondo alle scale o in garage?

Per risparmiare

- **Comprate un usato 'quasi nuovo'.** Ci sono acquirenti abituali di passeggini che passano da un modello all'altro: sono la miglior fonte di passeggini seminuovi, di buona marca e in ottime condizioni.
- **Cercate i modelli dell'anno precedente.** Molti produttori di passeggini cambiano tessuti e colori ogni anno, ed è possibile trovare i modelli della collezione precedente a prezzi convenienti.
- **Vendete la vostra carrozzina.** Se l'avete comprata, fatelo quando non vi servirà più. Il mercato dell'usato è piuttosto fiorente: date un'occhiata su eBay. Rivendere un passeggino, se non siete acquirenti abituali, è generalmente più difficile per lo stato in cui si riducono di solito.
- **Non sentitevi in dovere di comprare l'equivalente di una Ferrari.** Se un'utilitaria è quello che vi serve davvero, non ci pensate nemmeno.

Se non potete lasciare il passeggino al piano terra, scegliete un modello pieghevole e leggero. Anche così, non sarà facile salire con in mano passeggino, bambino e spesa.
Se avete solo un paio di gradini da superare, un passeggino robusto con ruote grandi e sospensioni decenti vi permetterà di entrare e uscire di casa senza problemi.
Se in casa avete poco spazio, un passeggino 2 in 1 compatto e pieghevole è forse la scelta migliore.

Dove lo userete?

- **Sullo sterrato.** Comprate un passeggino con ruote larghe e buone sospensioni se vi capita spesso di passare su vialetti in terra battuta, strade accidentate, al mare, sulla spiaggia ecc.
Ricordate comunque che quando un bambino è davvero molto piccolo non è una buona idea sottoporre la sua muscolatura ancora delicata agli scossoni di una gita sullo sterrato: usate il marsupio o una fascia finché non ha almeno 6 mesi.

- **In città.** Essenziali in questo caso sono la buona manovrabilità e le ruote piroettanti. Le carrozzine larghe possono diventare un incubo quando si entra e si esce dai negozi, così come i passeggini a 3 ruote fisse, che sono piuttosto lunghi e ingombranti.

Come vi muovete?

• **A piedi.** Se trascorrete molto tempo fuori casa con il bambino è sicuramente preferibile orientarsi verso un passeggino con la seduta reversibile, in modo che vostro figlio possa sedere e guardarvi negli occhi, se vuole. Gli psicologi hanno dimostrato che poter guardare la mamma contribuisce ad alimentare il legame tra lei e il bambino (quello che viene comunemente definito *bonding*) e aiuta lo sviluppo del linguaggio.
Se fate la spesa con il passeggino, ricordatevi che un ampio spazio sotto il sedile è utile per mettere i sacchetti.

⚠ Attenzione, molti modelli tendono a ribaltarsi all'indietro se appoggiate ai manici delle borse troppo pesanti. Nei Paesi anglosassoni vendono dei pesi per ruote da fissare al telaio anteriore, proprio per evitare il ribaltamento: provate a cercarli online.

• **In macchina.** Prima di acquistare un passeggino, verificate se entra nel portabagagli della vostra auto; l'ideale sarebbe ovviamente che vi rimanesse ancora spazio per trasportare la spesa.
Scegliete un modello non troppo difficile da sollevare. Non è solo questione di peso: qualcosa di pesante ma più facile da afferrare è meglio di un passeggino che non sapete da che parte prendere.
Cercate un passeggino che si pieghi con facilità e si riapra altrettanto rapidamente.
Alcuni modelli in due pezzi si piegano solo una volta sganciata la navicella: sembra macchinoso, ma allevia il carico da sollevare.

• **Con i mezzi.** Se vi capita spesso di prendere tram e autobus con il bambino, scegliete un modello leggero e maneggevole, facile da sollevare per salire e scendere.
In alcuni casi, il regolamento dei trasporti pubblici prescrive che il passeggino venga piegato. Se è così anche nella vostra città, scegliete un modello facilmente pieghevole con un braccio solo (con l'altro terrete vostro figlio).
In genere noi non raccomandiamo i Travel system per i bambini molto piccoli, ma possono essere un'ottima soluzione se vi capita di prendere spesso un taxi o di fare molti brevi percorsi in macchina con il bambino. Consigliamo in particolare i sistemi con il seggiolino da viaggio completamente reclinabile.
Anche se pensate di dover viaggiare spesso in aereo, scegliete un modello dal minimo ingombro e facilmente ripiegabile. Se prevedete di andare al mare o in montagna, scegliete però un modello con le ruote grandi, per non trasformare la vacanza in un incubo.

DUE PASSEGGINI A CONFRONTO		
	Tandem	Affiancato
Manovrabilità	Può essere davvero lungo e rendere complicato attraversare la strada. Passa dalle porte dei negozi e tra le casse dei supermercati	Alcuni non passano dalle porte dei negozi e tra le casse del supermercato. Meglio valutare caso per caso prima dell'acquisto
I bambini possono interagire fra loro?	Non facilmente	Sì, quando sono grandi abbastanza da sporgersi oltre il proprio sedile
I sedili sono reclinabili?	Non in tutti i modelli	Sì, nella maggior parte dei modelli
I bambini possono guardare fuori?	Il bambino seduto dietro ha una visibilità limitata	Sì, entrambi

Pensate che a breve avrete un altro figlio?

Se avete in programma di avere a breve un altro bambino, forse potrebbe essere una buona idea acquistare uno di quei passeggini che da singoli possono trasformarsi in doppi e di nuovo in individuali, per quando il più grande camminerà da solo. Sono altamente flessibili e funzionali, ma anche più grandi e più pesanti dei passeggini normali. Altrimenti, per il primo bambino potrete attaccare una pedana alla carrozzina o al passeggino del fratellino.

Avete dei gemelli?

La prima decisione da prendere riguarda il modello: affiancato o a tandem? La nostra preferenza va ai passeggini affiancati, purché siano abbastanza contenuti nelle dimensioni da passare dalle porte. Se preferite un tandem, sceglietene uno in cui il sedile posteriore sia leggermente più alto, in modo da migliorare la visibilità per chi siede dietro. Evitate di sceglierne uno molto lungo, perché può diventare pericoloso attraversare le strade o girare un angolo cieco.

Le carrozzine per gemelli possono avere un'unica navicella a due posti o due navicelle separate. Fate particolare attenzione alla qualità delle ruote e delle sospensioni, perché ruote di buona qualità si spingono meglio e vi renderanno la vita più semplice.

• **Il nostro consiglio.** Per le vacanze e le gite in famiglia forse può valere la pena di investire in due passeggini individuali, che potete spingere contemporaneamente al papà. Se i passeggini sono dello stesso tipo, si possono anche unire fra loro, in modo da utilizzarli come passeggino singolo quando siete da sole.

Amate fare jogging?

Se vi attira l'idea di fare jogging con vostro figlio, dovete scegliere un passeggino leggero e a 3 ruote fisse. In ogni caso, non uscite a correre con un bambino sotto i 6 mesi, per rispettare la sua muscolatura in crescita; perciò, a meno che non prevediate di avere solo questo passeggino a 3 ruote, aspettate a comprarlo dopo i 6 mesi, quando lo userete davvero e solo per fare jogging. Potrete allora acquistare anche un modello più economico (ma se il bambino è più piccolo e lo volete usare sempre, è meglio non risparmiare).

Volete un passeggino molto versatile?

Se niente di quello che vi abbiamo proposto finora sembra fare al caso vostro, provate a prendere in considerazione qualcos'altro, che vi possa accompagnare dai primi giorni fino al momento in cui vostro figlio camminerà in completa autonomia. Per la maggior parte delle persone la scelta ideale è qualcosa che abbia una navicella staccabile ma che con il tempo si trasformi in un passeggino pieghevole e leggero: in questo caso, tuttavia, sarà necessario comprare il seggiolino per auto a parte.

✂ Se pensate di utilizzare solo una fascia o un marsupio, nei primi mesi, potrete tranquillamente saltare la fase carrozzina/passeggino reclinabile e comprare solo un passeggino robusto, pieghevole e leggero che vi servirà per i mesi successivi. Sceglietelo con il sedile reclinabile se volete che il bambino possa addormentarsi tranquillamente anche a spasso.

• **Il nostro consiglio.** Se non siete troppo timide, provate a fermare per strada una mamma che spinge una carrozzina o un passeggino e chiedetele se è soddisfatta della scelta e perché. Come per le carrozzine, evitate di comprare un passeggino da poco sul mercato. L'acquisto di un modello che sia già stato sperimentato da tanti genitori garantisce che il produttore abbia rimediato agli eventuali difetti di progettazione.

Accessori per carrozzine e passeggini

Alcuni accessori sono in dotazione, altri si possono acquistare a parte.

Parasole

La maggior parte delle capottine standard di carrozzine e passeggini offre una protezione adeguata dai raggi solari; alcuni passeggini montano tuttavia anche una capottina con schermo solare integrato. Gli ombrellini parasole da montare come accessorio non servono a molto, a meno che non

La carrozzina e il passeggino: guida all'acquisto

Ecco gli elementi che è importante valutare quando si acquista una carrozzina o un passeggino.

Le caratteristiche fondamentali

- **Altezza del manubrio adeguata o regolabile.** È importante soprattutto se voi e il vostro partner o chi si occupa spesso del bambino avete altezze molto diverse.
- **Freni di buona qualità.** Su due ruote e non su una soltanto.
- **Buona manovrabilità.** Una carrozzina leggera è più facile da sollevare di un modello pesante, ma non è detto che sia anche più semplice da spingere. Se potete, scegliete un modello in cui le ruote possono essere sia girevoli sia fisse, per migliorare la resa sui terreni accidentati e avere il massimo di elasticità in città; anche la qualità delle sospensioni migliora la manovrabilità della carrozzina. Provate a vedere se potete spingere il passeggino con una mano sola, il che potrebbe essere utile (bambino in crisi, pioggia e ombrello, troppa spesa ecc.): i migliori per questo scopo sono i passeggini con un'unica impugnatura a barra.
- **Una seduta confortevole.** L'ideale è che sia realizzata in un tessuto lavabile e traspirante, che non faccia sudare il bambino anche con il caldo (caso mai, anche se può sembrare strano, d'estate aggiungete una pelle di pecora). La cintura di sicurezza deve essere ben fissata.
- **Meccanismi facili da usare.** Quando cercate di reclinare la seduta con il bambino addormentato, il piccolo non si deve svegliare per lo scossone.
- **Impugnatura confortevole.** Meglio se ricoperta di schiuma antiscivolo. ▶

sostiate nello stesso punto per molto tempo; appena vi muovete, infatti, il sole arriva da un'angolazione differente.

Parapioggia

È un accessorio di cui sono dotati la maggior parte dei passeggini e delle navicelle. È anche possibile comprarlo separatamente; in questo caso, controllate che non sia troppo piccolo né troppo grande.

Sacco nanna di piumino

Pur non essendo essenziale, è utile per tenere al caldo il bambino nelle giornate più fredde; a differenza della coperta, un sacco di piumino non

- **Leggerezza e minimo ingombro.** Caratteristiche ideali, una volta piegato.
- **Imbracatura di sicurezza.** Deve essere ben fissata.

Le caratteristiche utili, ma non indispensabili

- **Seduta reversibile.** Fronte strada o fronte mamma, deve essere adatta alle diverse età del bambino.
- **Ruote di gomma piena di buona qualità.** Servono per migliorare tenuta di strada e scorrevolezza. Evitate quelle con camera d'aria, che si possono bucare.
- **Cesto portaoggetti di ampie dimensioni.** Controllate che sia accessibile anche con il sedile reclinato.

Potete fare a meno di...

- **Compatibilità con il seggiolino per auto.** Come abbiamo già detto, non è bene che un neonato passi molto tempo in un seggiolino per auto, anche in un ovetto di taglia 0. Controllate che quello che vorreste comprare in un particolare Travel system sia compatibile con le misure della vostra auto.
- **Accessori inclusi nel prezzo.** Coperte da pioggia, zanzariere, ombrellini e piumini si possono acquistare a parte, e molti di questi non sono necessari.
- **Barre antiurto.** A molti bambini piace aggrapparcisi, ma possono essere d'ostacolo quando si infila o si estrae il piccolo dal passeggino.
- **Ampiezza della capote.** Le coperture quasi integrali da sole sono del tutto inutili (perché il bambino patisce troppo il caldo). Gli oblò trasparenti possono essere utili ma non sono essenziali.

può scivolare a terra né essere calciato via (per finire nel fango). È più utile per il passeggino che per la carrozzina, che protegge meglio dal freddo e, avendo le sponde alte, permette di rimboccare lenzuola e coperte. Scegliete un modello di sacco con zip frontale, più facile da infilare e sfilare; i sacchi con l'interno in pelle di pecora sono più traspiranti e regolano meglio la temperatura corporea.

I sacchi nanna di piumino non griffati di solito sono più economici di quelli che vengono venduti come accessorio per un determinato passeggino o carrozzina. Non è la fine del mondo se il piumino non sarà della stessa marca del mezzo utilizzato per trasportare vostro figlio; badate solo che sia di dimensioni adatte e che, nel caso del passeggino, non sia troppo ingombrante per le cinture di sicurezza.

Pelle di pecora

Ne esistono di pretagliate per far passare le cinture di sicurezza dei passeggini. Oltre a tenere il bambino caldo d'inverno e fresco d'estate, ha proprietà calmanti e rasserenanti. Tenete però presente che è ingombrante e può impedire al passeggino a ombrello di chiudersi completamente.

Giochi da appendere o da agganciare

Molti sono i giochini da appendere o agganciare sulla carrozzina o sul passeggino, per tenere occupato il bambino, soprattutto quando si è fermi a fare spese. Utili, ma si possono comprare a parte.

Custodia per il passeggino

Serve per proteggere il passeggino ripiegato e spedirlo come bagaglio in aereo. Utile solo se si viaggia molto con questo mezzo.

Fascia portabebè e marsupio

Molti genitori trovano che fasce portabebè e marsupi siano oggetti troppo 'hippy', ed è un peccato, perché si tratta di mezzi di trasporto tra i più comodi e sicuri nei primissimi mesi di vita del bambino. Entrambi permettono di 'portarsi addosso' il piccino mantenendo uno stretto contatto e trasmettendo calore e conforto. Non solo lasciano le mani libere, ma sono perfetti per lo shopping, eliminano il passeggino o la carrozzina in situazioni potenzialmente scomode (per esempio quando si deve prendere il tram o l'aereo) e sono l'ideale per trekking e passeggiate anche con bambini piccolissimi. Cosa ancora più importante, la maggior parte dei bambini adora essere trasportata così.
La fascia portabebè è più semplice (un tessuto di cotone morbido e robusto, a volte con anelli per fissarne la chiusura), mentre il marsupio è più strutturato, dotato di bretelle, oltre che di una tasca per far 'sedere' il bambino, generalmente in posizione verticale.

☺☺ Se non volete rinunciare al piacere di portare nella fascia due gemelli, e dando per scontato che non ci sarà sempre un altro adulto per aiutarvi, potete sistemarli sia in un'unica fascia con anello e fibbia sia in due marsupi individuali. Esistono anche marsupi doppi, acquistabili online. Si tratta ovviamente di uno sforzo notevole per la schiena, quindi non lo si può fare per lungo tempo.

Qualche ragione per amare fascia portabebè e marsupio

I benefici per il bambino...

- Essere trasportato in una fascia è una sensazione rassicurante, che ricorda la pancia della mamma. La vicinanza tra madre e figlio fortifica il loro legame, la loro intimità, e assicura il giusto tepore nelle giornate più fredde.
- Il contatto con il corpo materno è molto utile soprattutto per i bimbi che soffrono di coliche.
- Il bambino è più stimolato a scoprire il mondo e a interagire con gli adulti rispetto a quando si trova in una carrozzina.

...e quelli per la mamma

- Ideale per i bambini che detestano essere messi sdraiati o che hanno bisogno di essere cullati per addormentarsi: potrete portarli nella fascia e avere le mani libere per fare uno dei miliardi di cose di cui si deve occupare un neogenitore.
- Permette di fare a meno di carrozzina e passeggino.
- Pratica nelle occasioni in cui una carrozzina sarebbe d'impiccio, come sui mezzi pubblici, al mercato, durante le passeggiate. Niente più difficoltà a prendere l'ascensore, salire sulle scale mobili o passare attraverso le porte automatiche.
- Alcune fasce permettono di allattare in tutta discrezione, se farlo in pubblico vi mette a disagio.
- Se avete un altro figlio ancora troppo piccolo per salire in sicurezza su una pedana agganciata al passeggino, la fascia vi consente di andare a passeggio con entrambi, evitando il temibile acquisto di un doppio passeggino.

E se non si riesce a indossare la fascia?

Nonostante tutte queste premesse positive, moltissimi genitori hanno comprato una fascia, ci hanno provato una o due volte, e poi l'hanno abbandonata. Come mai? Che cosa è successo? Il problema è che alcune fasce sono francamente difficili da indossare quando si ha a che fare con un neonato urlante o irritato, e che è ancora così piccolo da non reggere la testa da solo; sarebbe difficile per chiunque ma in particolare per i neogenitori, che si sentono intimiditi, hanno paura di fare male al piccino, temono che non sia ben protetto o che, peggio, possa cadere da quell'intreccio di stoffa dall'aria così poco sicura e 'tecnologica'.

Così, scegliete una fascia semplice da indossare e cominciate a fare pratica. Se un'amica usa lo stesso modello, chiedetele di farvi vedere come si indossa. Chiedete alla commessa del negozio di farvi provare, anche più di una volta, oppure cercate un video di spiegazioni online.

Portare il bambino sul petto o sulla schiena?

All'inizio, la scelta più saggia è tenere il bambino sul petto, perlomeno finché non è in grado di reggere la testa da solo. Sarà poi possibile spostarlo sul fianco o sulla schiena. Fino a che età portarlo sul petto o sulla schiena non dipende solo dal tipo di fascia o di marsupio che possedete, ma dallo stato della vostra muscolatura, da quanto pesate e siete alta, dal peso e dalla vivacità di vostro figlio. In genere, le mamme sistemano il piccolo davanti fino ai 6 mesi, per poi abbandonare fascia o marsupio oppure iniziare a portarlo sulla schiena; i padri resistono un po' di più. Le fasce più efficaci nel distribuire il peso dei bambini, per esempio, sono in teoria usabili fino ai 18 mesi, sia in posizione frontale sia sulla schiena.

Fascia e marsupio possono sostituire la carrozzina?

Conosciamo genitori che non hanno mai comprato una carrozzina e hanno sempre usato la fascia o il marsupio per poi passare al passeggino, ma sono una minoranza. La maggior parte usa la fascia in aggiunta alla carrozzina: con la carrozzina potrete sempre andare in pizzeria sapendo dove lasciare a dormire il neonato, accanto a voi ma lasciandovi libere di mangiare in pace. Tuttavia, se la fascia vi piace, perché non approfittarne? Se prevedete una lunga sosta con il neonato, potete sempre portarvi una sdraietta. Quando vostro figlio sarà diventato troppo pesante per essere portato 'addosso', sarà giunto il momento di passare a un passeggino.

Quale versione scegliere?

La maggior parte dei negozi per l'infanzia tiene solo un assortimento limitato di fasce e marsupi. È invece possibile trovare un'ampia gamma di fogge e di marche online, nei siti specializzati. Potete scegliere tra questi 3 modelli.

Marsupio morbido

Di stoffa, mantiene il neonato diritto contro il petto di chi lo porta. Di solito hanno una tasca imbottita in cui infilare il bambino e una serie di bretelle e cinghie per indossare il marsupio e fissarlo correttamente. Quando il piccolo è infilato nel marsupio con il viso rivolto al petto di chi lo porta, un supporto morbido protegge la nuca e lo aiuta a reggere la testa. Una delle marche più note è la svedese BabyBjörn.

- ⊕ Comunica una sensazione di maggiore sicurezza della fascia, e per molti genitori è più facile da usare.
- ⊕ Consigliabile per i bambini che hanno coliche o aria nella pancia, perché esercita una leggera pressione sull'addome. Adatto anche ai bambini con problemi di reflusso, perché la posizione verticale limita il rischio di rigurgito.
- ⊕ Si adatta facilmente a chi lo indossa.
- ⊖ Meno versatile di una fascia (si può tenere il bimbo solo in verticale).
- ⊖ Non può essere utilizzato per allattare.
- ⊖ Si sospetta (non ci sono prove certe) che questo tipo di marsupio non protegga a sufficienza la delicata spina dorsale dei neonati.
- ⊖ Alcuni marsupi morbidi possono essere utilizzati solo a partire dai 5 kg di peso.

Fascia da annodare

Fondamentalmente, si tratta di un lungo pezzo di tessuto resistente, che si gira attorno al corpo racchiudendo al suo interno il neonato, impedendogli di scivolare e serrandolo delicatamente contro il petto di chi lo porta. La fascia ha vita più lunga del marsupio, perché permette sia di portare senza alcun rischio un neonato, sdraiato a mo' di amaca oppure in posizione verticale, sia di allattare con discrezione. Se annodata nel giusto modo, permette di portare sulla schiena un bambino più grande, in teoria fino a 18-24 mesi. Tuttavia, la fascia è più difficile da usare rispetto al marsupio, ed è consigliabile solo se siete pazienti e disposte a provare e riprovare gli incroci fino a trovare quelli giusti.
La taglia generalmente è unica, ma esistono moltissimi tessuti e fantasie. Alcune fasce sono in materiale stretch, molto comodo e avvolgente, ma forse un po' troppo cedevole per portare un bambino più grandicello.

- ⊕ Permette di trasportare il bambino in moltissime posizioni.
- ⊕ È perfetta per i bambini prematuri, proprio perché comunica a madre e figlio assoluto benessere e intimità.
- ⊕ In taglia unica se in tessuto stretch.
- ⊕ La posizione verticale è consigliabile per i bambini che soffrono di reflusso o coliche, mentre quella 'ad amaca' è ideale per allattare.
- ⊕ Facile da lavare e da asciugare.
- ⊖ Difficile da gestire le prime volte: bisogna avere pazienza.

Fascia con la fibbia

È una fascia di tessuto, spesso imbottita, che si allaccia e si regola facilmente con due cinghie chiuse da una fibbia ad anello.
La parte imbottita, molto comoda per le primissime settimane di vita del

La fascia e il marsupio: guida all'acquisto

Ecco gli elementi che è importante valutare quando si acquista una fascia portabebè o un marsupio.

Gli elementi fondamentali

- **Facilità di utilizzo.** In caso contrario, non avrete tanta voglia di usarla.
- **Lavabilità.** La maggior parte, ma non tutte, sono lavabili in lavatrice.
- **Comfort e sicurezza del bambino.** Una buona fascia dev'essere comoda e offrire il giusto sostegno, in modo che possiate andare in giro senza dover tenere una mano sul bambino.
- **Comodità per chi la porta.** Se volete continuare a portare vostro figlio anche dopo i 6 mesi, scegliete un modello che distribuisca bene il peso del piccolo. Una fascia che concentri il peso su un'unica spalla o sulla parte alta della schiena sarà troppo scomoda e difficile da usare non appena il piccino prenderà un po' di peso.

Gli elementi utili, ma non indispensabili

- **Durata.** Se volete usare la fascia per più di 6 mesi, seguite le istruzioni dei produttori sia sul peso massimo trasportabile, sia sulle differenti posizioni. I modelli che consentono di portare un bambino sulla schiena sono più indicati per la crescita.
- **Possibilità di allattare.** Le fasce, diversamente dai marsupi, permettono di proteggere da sguardi indiscreti mentre allattate vostro figlio.
- **Minimo ingombro.** Le fasce da annodare e quelle a tasca occupano meno spazio dei marsupi.
- **Accessori.** Alcune fasce comprendono un cappuccio antipioggia o uno schermo per il sole, ma non sono accessori strettamente necessari (avrete comunque le mani libere per un ombrello). In dotazione insieme al marsupio della BabyBjörn ci sono dei bavaglini per proteggere chi porta il neonato da saliva e rigurgiti, ma un fazzoletto potrà svolgere tranquillamente lo stesso compito.

neonato, può essere tuttavia un intralcio se chi indossa la fascia è particolarmente robusto. L'imbottitura occupa anche più posto in valigia, ed è più calda in estate. La chiusura ad anello, però, è molto semplice da indossare e assolutamente sicura e affidabile, il che elimina parte delle paure e delle complicazioni che accompagnano la fascia in stoffa da annodare.

Esistono anche modelli con un'imbottitura limitata alla parte che si appoggia alla spalla.

Fascia a tasca

Si tratta di un semplice tubo o grosso anello di tessuto che si passa intorno a una spalla (in modo non tanto diverso da una fascia per reggere un braccio rotto). È molto facile da usare e non c'è il rischio di confondere cinghie e anelli: tutto quello che si deve fare è inserire il bambino nella 'tasca' che si crea. Potrebbe essere una buona scelta per chi prevede di mettere e togliere il piccino frequentemente. L'unico difetto è che si tratta di fasce in più taglie, e che si è quindi obbligati ad acquistarne di volta in volta una della misura giusta: una più grande o più piccola non sarebbe comoda per voi né sicura per il bambino.

Le fasce sono perlopiù lavabili ed è facile trovarne in ottime condizioni nei negozi di seconda mano.

• **Il nostro verdetto.** È una questione di gusti personali. Alcuni genitori preferiscono l'aria più 'affidabile' e 'ordinata' dei marsupi, che sembrano meno hippy. Se non avete pazienza, tra l'altro, un marsupio, che è più facile da utilizzare, è certo più adatto a voi di una fascia.
Tra le fasce, quella da annodare è in assoluto il modello che preferiamo, nonostante la difficoltà iniziale per imparare a usarla correttamente. Il nostro consiglio è di comprare una fascia in tessuto stretch, anche se quelle a telaio sono più indicate per i bambini oltre l'anno di età.

• **Il consiglio del genitore.** «Vivere senza carrozzina è possibile. Noi l'abbiamo fatto per la nostra piccola, che ora ha 11 mesi. Io adoro portarmela addosso, e adesso che è più grande la porto sulla schiena. Abbiamo noleggiato una carrozzina solo per il battesimo, così aveva un posto dove dormire».

In macchina

La lista degli acquisti

- ✓ Seggiolino per auto del gruppo 0 o 0+, o ovetto
- ? Tendine parasole
- ? Base per ovetto
- ? Specchietto retrovisore per controllare il bambino quando si guida
- ? Fodera protettiva per il sedile posteriore
- ✗ Piumino per ovetto

Seggiolino per auto del gruppo 0 e 0+

Il seggiolino per auto (che prende il nome di ovetto quando si può anche agganciare al telaio del passeggino o della carrozzina) è uno degli acquisti più importanti che si possono fare per la sicurezza del proprio bambino, ed è un bene dedicargli qualche riflessione. Tutti i seggiolini per auto in vendita nell'Unione europea devono essere omologati, ma alcuni hanno un punteggio migliore di altri nei test di sicurezza: ecco perché è bene informarsi in anticipo, magari consultando qualche sito specializzato.
Una volta comprato il seggiolino, provate ad agganciarlo e a sganciarlo dalla macchina un po' di tempo prima della nascita del bambino, in modo da sapere già come si fa. Il giorno in cui si rientra dall'ospedale nessuno avrà la voglia né la pazienza necessaria per leggere le istruzioni.

Le caratteristiche irrinunciabili del seggiolino per auto

Innanzitutto la compatibilità con la vostra vettura. Non tutti i seggiolini possono essere usati con tutte le auto. Prima di comprane uno, telefonate al produttore o chiedete al rivenditore (potete eventualmente provare il seggiolino direttamente nella vostra macchina).
L'installazione deve essere eseguita a regola d'arte: anche il miglior seggiolino al mondo non potrà proteggere vostro figlio se non sarà stato installato nel modo giusto. Prendete un po' di tempo e leggete bene le istruzioni per capire come sistemare le cinture di sicurezza.

I GRUPPI DI SEGGIOLINI			
Gruppo	Installazione	Peso	Età
0	In senso contrario alla marcia	Nascita-10 kg	Nascita-9 mesi
0+	In senso contrario alla marcia	Nascita-13 kg	Nascita-15 mesi
1	Nel senso di marcia	9-18 kg	9 mesi-4 anni
2	Nel senso di marcia	14-25 kg	3-6 anni
3	Nel senso di marcia	22-36 kg	6-12 anni

Deve poi essere nuovo. Acquistatene uno di seconda mano solo se siete sicuri che non ha mai avuto incidenti e se è relativamente recente. Essenziale che abbia ancora il manuale di istruzioni. La produzione e la tecnologia dei seggiolini da auto migliorano di anno in anno, e il materiale di cui sono costituiti (il polistirene) tende a degradarsi dopo qualche tempo. Infine deve essere adatto al peso di vostro figlio: per la sicurezza, questo è il principale criterio da tenere presente, e non l'età. Ricordatevi di controllare se l'imbragatura è regolata bene, né troppo larga né troppo stretta.

⚠ Non usate mai un seggiolino che sia stato coinvolto in un incidente, perché l'urto può aver compromesso la resistenza dei materiali, anche se non si vede a occhio nudo. Verificate se la vostra assicurazione auto copre il costo di un seggiolino nuovo in caso di incidente.
Infine, controllate i cinturini di sicurezza del piccolo a ogni viaggio.

⚠ Il bambino non dovrebbe rimanere nel seggiolino per auto per più di 2 ore consecutive, e sarebbe meglio, quando è molto piccolo, per non più di 2 ore al giorno. Se vi aspetta un lungo viaggio, fate una pausa ogni 2 ore e tirate fuori il bambino dal seggiolino, in modo che possa distendere la schiena e rimanere disteso per un po'.

Il sistema Isofix

La maggior parte dei seggiolini per auto si aggancia alla macchina utilizzando le cinture di sicurezza. Il sistema Isofix, che non tutti i seggiolini hanno, prevede di agganciare in modo semipermanente una base rigida a due punti collocati sotto il sedile posteriore; il seggiolino si attacca e stacca quindi dalla base. Alcuni sistemi Isofix prevedono anche obbligatoriamente un terzo punto di attacco della base, collocato nel baule posteriore. Anche se questo terzo punto di attacco dal 2006 è obbligatorio su tutte le macchine di nuova costruzione, non è detto che sia davvero di serie, quin-

In quale posizione collocare il seggiolino

Un seggiolino che mantiene il bambino in senso contrario alla marcia non deve mai essere collocato sul sedile anteriore in presenza di un airbag. Il posto più sicuro è comunque sempre il sedile posteriore centrale, anche se la vostra macchina permette di disinstallare l'airbag.

In teoria, superati i 9 kg di peso, il seggiolino può essere collocato nel senso della marcia. In pratica, sarebbe meglio non far posizionare il seggiolino nel senso di marcia almeno finché il bimbo non ha compiuto un anno e non è in grado di stare seduto ritto senza aiuto da almeno 3 mesi. Questo perché prima dei 12 mesi il sistema scheletrico e muscolare di un bambino non è in grado di assorbire facilmente lo strappo violento in avanti che potrebbe esserci in un tamponamento.

L'unico motivo valido per posizionare il seggiolino nel senso di marcia è che vostro figlio superi il peso massimo consentito per il gruppo 0+, cioè 13 kg, o che la testa sporga dal seggiolino. Per questo, è forse preferibile acquistare un seggiolino del gruppo 0+, proprio perché permette di lasciarci il bambino qualche mese in più rispetto al seggiolino del gruppo 0.

di prima di acquistare un seggiolino Isofix a 3 punti di attacco controllate che sia possibile agganciarlo alla vostra auto.

I seggiolini Isofix a 2 punti di attacco possono essere utilizzati anche nelle macchine non-Isofix, ma poiché costano parecchio di più e in questo caso sono sicuri esattamente come un seggiolino non-Isofix, pensateci bene.

Vale la spesa?

I test di sicurezza hanno evidenziato che i sistemi Isofix con un supporto rigido sono più sicuri dei seggiolini che si agganciano alla macchina con le sole cinture di sicurezza per adulti.

I seggiolini Isofix, inoltre, diminuiscono il rischio di agganciare l'ovetto in modo scorretto (lo si aggancia alla base che è installata in modo semipermanente). Se la vostra auto è omologata Isofix vale quindi la pena di affrontare questa spesa.

Base staccabile per seggiolino non-Isofix

Alcune marche offrono una base semipermanente anche per seggiolini non-Isofix. Come per gli Isofix, la base rimane agganciata al sedile dell'auto, e il seggiolino si attacca e stacca con facilità. In alcuni modelli è comunque necessario passare le cinture di sicurezza intorno al seggiolino per una maggiore protezione. Controllate regolarmente che la base sia fissata saldamente perché tende ad allentarsi.

Benché comode, le basi di questo tipo non offrono alcun tipo di sicurezza in più rispetto a un seggiolino agganciato normalmente (come invece le basi Isofix). Ogni marca ha inoltre la sua base, quindi, nel caso, state attenti e acquistate quella compatibile con il vostro seggiolino.

• **Il nostro verdetto.** Compratela se volete qualcosa di più pratico da agganciare e sganciare, ma ricordatevi che questa base non è più sicura del seggiolino da solo.

Accessori per l'auto

Tendine parasole

Avere il sole negli occhi infastidisce molto i bambini, perciò le tendine parasole sono un accessorio tra i più utili in macchina. Se non sono montate di serie si possono comprare nelle stazioni di servizio o nei negozi per bambini, sia fisse sia arrotolabili.

Specchietto retrovisore

Aiuta a controllare un bambino seduto nel senso opposto alla marcia, seduto cioè dandovi le spalle. Si fissa generalmente al poggiatesta, quindi se la vostra auto non ce l'ha, controllate bene se potete montarlo oppure no. Non compratelo subito: provate a vedere come ve la cavate senza, e casomai acquistatelo successivamente.

Autoadesivo 'bambino a bordo'

O lo si ama o lo si detesta. Secondo alcuni indurrebbe gli altri conducenti ad andare più piano o a essere più comprensivi nei vostri confronti. Più che altro, è un modo per dire al mondo che siete felici di avere con voi vostro figlio. Mettetelo, se volete, ma non è una reale necessità.

• **Il consiglio del genitore.** «Teniamo sempre in macchina una borsa con una piccola scorta di pannolini, salviettine e tutine di Joshua. È ottima per gli imprevisti e per le volte in cui si dimentica qualcosa (cosa che succede sempre quando si ha un bambino piccolo e mille cose da fare)».

Il seggiolino per auto: guida all'acquisto

Ecco gli elementi che è importante valutare quando si acquista un seggiolino per auto.

Le caratteristiche fondamentali

- **Compatibilità con la vostra vettura.** Esistono diversi tipi di seggiolini, non tutti utilizzabili con ogni modello di auto.
- **Facilità di trasporto.** Deve essere possibile portarlo in giro fuori dall'auto senza troppo sforzo, in modo da avere un posto dove tenere il piccolino (per esempio, quando vi fermate in pizzeria).
Quindi: manici comodi, peso non eccessivo, seduta confortevole.
- **Fodera staccabile e lavabile.**
- **Supporto per la testa.** Un cuscino morbido che sostenga la testa del neonato nelle primissime settimane e le impedisca di ciondolare in avanti.
- **Scocca e fibbie imbottite.** Sono di serie in quasi tutti i modelli e sono importanti per non graffiare o ferire il bambino.

Le caratteristiche utili, ma non indispensabili

- **Sistema Isofix.**
- **Base per seggiolini non-Isofix.**
- **Scorta di foderine estive.** Lavabili, da sostituire spesso quando il bambino suda con il caldo.
- **Compatibilità con un sistema 3 in 1 o con un Travel system.** A molti genitori piace l'idea di avere un ovetto che si possa usare sia in macchina sia sulla carrozzina o sul passeggino, in modo da poter spostare il bambino mentre dorme senza disturbarlo. In realtà, la maggior parte dei bambini si riaddormenta subito, una volta nel passeggino: e il seggiolino non è il massimo per la passeggiata, a meno di non scegliere un modello completamente reclinabile in modo da far distendere la spina dorsale del neonato.
Scegliete un seggiolino che sia compatibile, comunque, con il telaio della vostra carrozzina o passeggino.
- **Modello che si apre o si distende completamente.** Se pensate di usare spesso l'ovetto con il telaio della carrozzina o del passeggino per passeggiare insieme con vostro figlio, scegliete un modello di questo genere, che permette alla delicata colonna vertebrale del neonato di rimanere nella posizione più fisiologica. Altrimenti, l'utilità del Travel system sarà un po' ridotta, visto che è meglio che un neonato non rimanga nell'ovetto per più di un paio d'ore al giorno.

- **Posizione supina.** Alcuni seggiolini per auto si possono reclinare in modo da tenere il bambino in posizione supina, sia in macchina sia fuori dall'auto oppure solo fuori dall'auto. Questo genere di seggiolino elimina ogni preoccupazione rispetto alla posizione poco adatta a un neonato della maggior parte degli ovetti, e può essere tranquillamente usato fuori dall'auto come mezzo di trasporto anche per i primi mesi, al posto della carrozzina.
Tutti i sistemi di trasporto per i neonati in posizione supina, però, hanno un punteggio leggermente più basso nei test di sicurezza, quindi è forse meglio utilizzare il seggiolino nell'auto in modo tradizionale (con il neonato seduto) e aprirlo 'a carrozzina' solo fuori dall'auto.
- **Cinturino di sicurezza pratico.** I seggiolini che si chiudono in un solo punto sono i migliori. È fondamentale inoltre che il sistema di bloccaggio sia praticamente impossibile da aprire da parte del bambino ma facilmente sganciabile da un adulto.
- **Base a dondolo.** Quando si usa il seggiolino per auto come una sdraietta, se la base dondola leggermente può essere più facile calmare e tranquillizzare un bambino che piange o è irritato.
- **Parasole e parapioggia.** Vale la pena di spendere qualcosa in più per questi accessori soltanto se avete intenzione di usare l'ovetto come mezzo di trasporto anche fuori dall'auto, agganciato a un telaio. Il parasole può rientrare tra gli accessori base in dotazione al seggiolino per auto, mentre il parapioggia deve essere acquistato quasi sempre a parte.

Potete fare a meno di...

- **Sedile trasformabile da 0+ a 1.** Consente, in teoria, di trasportare un bambino dalla nascita fino ai 18 kg. Perfetto per permettere a un bambino un po' robusto di rimanere nella posizione di massima sicurezza (con le spalle al senso di marcia) fino a qualche mese in più di un seggiolino 0+ normale, non può però essere utilizzato come seggiolino per neonati perché è molto pesante e privo di manico (quindi bisogna comunque mettere in conto la spesa di un ovetto). Inoltre è tra i più complicati da montare.
- **Piumino imbottito.** A meno di non usare l'ovetto come passeggino, una semplice coperta sarà più che sufficiente per coprire vostro figlio durante un breve viaggio in macchina.
- **Navicella omologata.** Può essere fissata alle cinture di sicurezza del sedile posteriore. Per quanto omologata, ha tuttavia uno dei punteggi più bassi nei test di sicurezza. Meglio evitare.

La sicurezza domestica

La lista degli acquisti

- ✓ Baby monitor (a meno che casa vostra non sia molto piccola)
- ✓ Accessori di sicurezza adatti alla vostra abitazione
- ✓ Kit di primo soccorso
- ✓ Termometro
- ? Siringa senza ago o speciale ciuccio per somministrare medicinali
- ? Aspiratore nasale

Il tipo e la quantità di accessori per la sicurezza di cui avrete bisogno dipendono naturalmente dalla casa in cui abitate, dal vostro atteggiamento come genitori e dal carattere del vostro bambino.
Se casa vostra è piena di soprammobili preziosi o zeppa di angoli potenzialmente pericolosi, è bene essere molto attenti; allo stesso modo, i bambini avventurosi e inclini all'esplorazione hanno bisogno di maggior protezione rispetto ai bimbi più placidi e pigri.
È impossibile dire dove passa il confine. Se sarete troppo cauti, vostro figlio non imparerà mai davvero cosa è pericoloso e cosa no, e la vostra vita in casa d'altri non sarà facile (avrete una certa tendenza a cercare di spostare tutto quello che non vi sembra abbastanza sicuro, e i padroni di casa potrebbero non essere d'accordo). Se non sarete cauti abbastanza, correrete il rischio che vostro figlio si faccia male o che sia necessario ripetergli di continuo, per circa 2 anni, di non fare questo e non toccare quello.

Ecco, riassunto in tre punti, l'approccio che consigliamo.
- Identificate tutti i potenziali pericoli e metteteli in sicurezza appena vostro figlio comincia a interessarsene. 'Pericolo' significa tutto ciò che può causare un incidente serio: prese elettriche, scale, coltelli, veleni. Chiudete (con le chiusure antibambino se non c'è la chiave) un paio di armadietti della cucina in modo da avere un luogo inaccessibile in cui riporre sia i detergenti, sia il servizio di piatti di porcellana della nonna, che vostro figlio potrebbe usare come materiale da lancio. Altri punti della casa potenzialmente molto pericolosi sono i camini e le stufe, i fuochi della cucina, le finestre facilmente accessibili e i terrazzi. Fissate gli scaffali ai muri.

- Quando il bambino comincia a muoversi per casa, spostate fuori dalla sua portata tutti gli oggetti fragili e quello che semplicemente non volete che tocchi. Rivedete la lista non appena vostro figlio saprà camminare o mettersi in piedi, spostando via via più in alto gli oggetti proibiti. Nella fase in cui i bambini svuotano tutti cassetti cui riescono ad arrivare, mettete dei fermi a quelli di cui non volete vedere il contenuto sparso su tutto il pavimento.
- Aspettate e vedete. Gli interventi successivi dipendono da cosa in particolare sembra diventare un problema. Alcuni incidenti banali, come una testata nell'angolo del tavolo, possono spaventare, ma presto i bambini imparano a stare attenti. La maggior parte degli accessori 'salva bambini' sono economici; in genere sono anche tutti piuttosto brutti, ma quando è in gioco la sicurezza è bene non formalizzarsi troppo sull'estetica.

- **Il nostro consiglio.** Informate parenti, baby sitter e tutti gli interessati delle misure di sicurezza che avete scelto. Chi non ha bambini piccoli o li ha avuti tanto tempo fa, per esempio, potrebbe non ricordarsi di rimettere il copripresa dopo averlo tolto per passare l'aspirapolvere.

Baby monitor

Permette di tenere sotto controllo il vostro bambino quando sta dormendo in una stanza diversa dalla vostra, consentendovi di verificare se è tranquillo, o se piange e si sveglia all'improvviso.
La maggior parte dei baby monitor sono delle semplici radio che vi trasmettono i suoni della cameretta; altri più sofisticati hanno anche delle immagini video stile *Grande Fratello*, o funzioni aggiuntive come un allarme se il bambino smette di respirare.

Si può vivere senza?

I nostri genitori ci hanno allevato senza baby monitor, ma per i papà e le mamme di oggi è diventato un accessorio indispensabile. Per chi vive in un appartamento di dimensioni non piccole, la Tv, la radio o la musica – per non parlare del telefono – a volte impediscono di sentire un bambino che piange, e un baby monitor vi permetterà di rilassarvi in tutta tranquillità.

Quando acquistarlo?

Se userete il baby monitor solo la notte, vi servirà soltanto quando sposterete il bambino a dormire in una stanza diversa dalla vostra. Ma acquistarlo prima vi permetterà di rilassarvi anche durante il giorno. Se lo comperate prima della nascita, non aprite la confezione e conservate lo scontrino, in modo da poterlo cambiare se vi accorgete di non volerlo usare o se ne desiderate un modello diverso.

Quale versione scegliere?

In commercio si trovano molti tipi di baby monitor.

Digitale o analogico

La maggior parte dei baby monitor è ormai di tipo digitale, a esclusione di alcuni modelli più economici o di alcuni monitor video. I monitor analogici patiscono di più le interferenze con altri sistemi di trasmissione.
Anche se i baby monitor sono stati dichiarati assolutamente sicuri, potrete collocarli a un metro di distanza dal lettino o dalla culla.

Video o audio

Gli oppositori sostengono che il baby monitor video rischia di rendere i genitori ossessionati dalla sicurezza. In realtà, può essere utile per dare un'occhiata veloce al piccino senza disturbarlo (e senza muoversi), o per tenere sotto controllo un bambino più grande che gioca in un'altra stanza. Controllate che ci sia una telecamera a infrarossi per la visione notturna, quando la sua cameretta è al buio.

Standard o con rilevatore di respiro e movimenti

I sistemi con rilevatore di respiro e controllo dei movimenti hanno un sensore che si colloca sotto il materasso e rileva i movimenti del bambino quando respira. Alcuni monitor ticchettano a ogni movimento, e tutti hanno un allarme che parte se non viene registrato alcun movimento dopo un certo periodo di tempo, in genere 20 secondi.
Alcuni ritengono che questo tipo di monitor giochi sulle paure dei genitori. In primo luogo, c'è la possibilità che questi sistemi non avvertano in tempo se vostro figlio smette davvero di respirare, perché un bambino che sta soffocando può continuare a muoversi. La maggior parte dei medici, poi, dichiara che per i bambini in salute e nati a termine questi monitor sono perfettamente inutili. I monitor con rilevatore, inoltre, possono far scattare abbastanza facilmente dei falsi allarmi, gettando nel panico l'intera famiglia, quindi state molto attenti a dove collocate il sensore.
Nonostante tutto, molti genitori li trovano rassicuranti, soprattutto i papà e le mamme di bambini che alla nascita hanno avuto problemi respiratori.

✕ La maggior parte dei genitori smette di usare il monitor dopo i 2 anni, quindi è molto conveniente acquistarne uno usato.

Il baby monitor: guida all'acquisto

Ecco gli elementi che è importante valutare quando si acquista un baby monitor per il neonato.

Le caratteristiche fondamentali

- **Qualità della trasmissione.** È essenziale poter ascoltare il bambino senza noiose interferenze. I modelli più costosi, in particolare quelli digitali rispetto agli analogici, hanno in genere un segnale più chiaro.

Le caratteristiche utili, ma non indispensabili

- **Dual power (rete/batterie).** Permette di allacciare il baby monitor a una presa della corrente o di usare le batterie, per esempio in viaggio o se abitate in una zona in cui ci sono frequenti interruzioni di corrente. Se per voi è importante che il monitor sia portatile, cercate un modello in cui il ricevitore (quello che tenete voi) sia ricaricabile e magari abbia una clip per fissarlo alla cintura.
- **Una buona scelta di canali.** Si riferisce a chi compra un modello analogico, per evitare sovrapposizioni e interferenze.
- **Portata adeguata.** La maggior parte dei modelli riesce a trasmettere entro 30 m di distanza all'interno di una casa (in cui ci sono molti ostacoli come muri e mobili) e a 100 m all'aperto. Esistono anche modelli di portata maggiore.
- **Ninna nanna.** Alcuni baby monitor possono trasmettere una ninna nanna o una musica a vostra scelta. Non del tutto inutile, ma non scegliete un modello solo per questo.
- **Display luminoso.** Se vostro figlio piange, si accende un allarme luminoso. Non particolarmente utile in condizioni normali, ma fondamentale se in casa si svolge una cena rumorosa o se dovete fare una telefonata di lavoro e non volete che i pianti del neonato siano udibili anche dall'altra parte del filo. In alcuni modelli c'è anche l'allarme vibrazione.

Potete fare a meno di...

- **Termometro nursery integrato.** Alcuni modelli avvertono se la temperatura della cameretta sale o scende troppo. Difficile che in camera di vostro figlio la temperatura sia molto diversa rispetto al resto della casa.
- **Luce antibuio incorporata.** Potete comprarla separatamente.
- **Allarme se si esce dalla portata del monitor.** Inutile. Per stabilire fino a dove si sente, fate una prova: mentre voi rimanete nella cameretta, basta che il vostro compagno si allontani.

Cancelletto

Essenziale non soltanto per chi vive in una casa su due piani, ma per impedire l'accesso a una stanza o un ambiente senza chiudere la porta e bloccare la visuale.
Grazie a un cancelletto, per esempio, si può trasformare la cameretta in un grande box, senza dover chiudere la porta. Fate attenzione che il cancelletto si possa aprire e chiudere con una mano sola, perché spesso vi capiterà di doverlo fare con il bimbo in braccio.

Quale versione scegliere?

Fisso

Attaccato al muro in modo permanente con viti e tasselli. Per montarlo serve il trapano, ma è la soluzione più solida e sicura, ideale per le scale.

A pressione

Facile da installare perché senza viti, richiede però pareti perfettamente a piombo o quasi, oppure una ringhiera.

A scomparsa

In tessuto, si fissa al muro con delle viti, ma quando non è in uso si arrotola e scompare.

I cancelletti si trovano facilmente di seconda mano, ma controllate che contengano tutte le viti e le istruzioni per il montaggio.

Copriprese

Si infilano nelle prese, bloccandole e impedendo ai bambini che gattonano per casa di infilarci dentro le dita o altri oggetti. Ne esistono di tipi differenti, più o meno semplici da usare.

Fermi per armadi e cassetti

Indispensabili per rendere inaccessibili le cose più pericolose e preziose: detersivi e veleni domestici, coltelli, servizi di porcellana, bicchieri. Ne esistono di adesivi e di avvitabili; alcuni sono visibili dall'esterno, altri sono a scomparsa. I più economici in genere si avvitano, il che può essere un problema se dovete bloccare molte antine o se avete mobili di un certo pregio; quelli autoadesivi si vedono dall'esterno e sono di solito piuttosto brutti. Per gli armadietti a doppia anta meglio le chiusure scorrevoli. Prima o poi la maggior parte dei bambini impara a scassinarli, ma di solito succede quando hanno già sviluppato un discreto senso del pericolo. I lucchetti magnetici sono i più sicuri per l'armadietto dei medicinali, perché si aprono solo con la 'chiave' apposita, non si vedono dall'esterno ed essendo autoadesivi si possono rimuovere quando non servono più.

Altri accessori per la sicurezza

Barriera di sicurezza per camino e stufa

Fissatela saldamente davanti al camino o alla stufa in modo che il bambino non ci si possa arrampicare sopra.

Fermo per finestra

Permette di aprire le finestre quel tanto che basta per cambiare l'aria, ma non abbastanza perché un bambino possa sporgersi. Alcuni fermi non sono adatti alle finestre in alluminio o in Pvc: verificate prima di comprarli.

Paracolpi

Per gli angoli duri dei mobili. Prima o poi i bambini lo capiscono a loro spese, ma alcuni tavoli hanno spigoli particolarmente taglienti.

Fermi per i lettori Dvd e Cd

Per la sicurezza dei bambini e l'integrità del vostro impianto stereo: i bambini adorano infilare oggetti nelle fessure dei lettori Dvd e Cd.

Fermo per porta

Impedisce alle porte di sbattere e schiacciare le dita dei piccoli. Ci sono la classica sagoma a U in plastica, che si aggancia alla porta e viene rimossa per poter chiudere, e un fermo on/off che può essere lasciato in posizione.

Barriera per fornello

Impedisce ai bambini di tirarsi addosso le pentole bollenti o di raggiungere i fuochi del piano cottura. Ricordatevi comunque di mettere le pentole sempre sui fuochi più lontani dal bordo, ed eventualmente acquistate anche un blocco per le manopole del gas e del forno.

Fermo per forno

Impedisce al bambino di aprire il forno. Assicuratevi che resista alle alte temperature.

Fermo per frigorifero e congelatore

Che un bambino apra questi elettrodomestici non è pericoloso di per sé, ma si può rovinare il contenuto se il piccino si dimentica di chiudere la porta o sparge i surgelati sul pavimento della cucina.

Film di sicurezza per vetri

Indispensabile se avete grandi superfici vetrate. Impedisce ai pezzi di vetro di spargersi per casa in caso di rottura.

Fermo per il water

Impedisce l'apertura della tavoletta, in modo che il bambino non ci metta le mani. Non è essenziale, perché anche questa piccola fissazione dei bambini passa presto.

Rete antigatto

Utile naturalmente solo se possedete un gatto e non potete chiudere la porta della camera in cui dorme vostro figlio.

Box

In apparenza, una buona soluzione per lasciare il bambino in tutta sicurezza mentre si sta facendo qualcosa che non può essere interrotto. In realtà, è costoso e realmente utile solo per un periodo molto limitato. Quando il piccolo non gattona ancora non serve a nulla; quando comincia a camminare, di solito odia essere 'imprigionato' in un box.
Il box è utile solo se avete due bambini molto vicini d'età, perché può proteggere il più piccolo dall'invadenza del più grande senza che dobbiate tenerli entrambi continuamente d'occhio. In questo caso, è anche un buon sistema per tenere lontani dal piccolo i giochi del fratello, che talvolta possono essere pericolosi.

• **Il nostro consiglio.** Anziché un box acquistate un lettino da viaggio: svolge le stesse funzioni di un box ma in più può essere utile in tante altre occasioni. Inoltre, se avete spazio a sufficienza, create una 'zona sicurezza' in casa che sia abbastanza grande da permettere anche a un bambino vivace di intrattenersi per qualche tempo senza frustrazioni.

Stringicavi di sicurezza

Inutile, perché i cavi delle apparecchiature elettriche vanno comunque fatti passare lontano dalle manine curiose dei bimbi.

Primo soccorso e malattie

Tutti i bambini purtroppo si ammalano e hanno piccoli incidenti domestici: l'unica cosa saggia da fare è essere preparati e non spaventarsi. Con una piccola dotazione di pronto soccorso si evitano lo stress della ricerca affannosa di un cerotto e le corse in farmacia. Potrebbe essere una buona idea comperare un kit di primo soccorso specifico per i bambini e aggiungere qualche farmaco essenziale. Informate la baby sitter, i nonni e chiunque frequenti la casa su dove lo tenete. Scrivete vicino al telefono i numeri utili per le emergenze, come ambulanza, pediatra, guardia medica ecc.

Ecco ciò che vi consigliamo di includere nel kit di primo soccorso.
- Un medicinale che abbassa la febbre e allevia alcuni sintomi dolorosi, come la Tachipirina. Fatevi lasciare dal pediatra precise istruzioni sul dosaggio.
- Un antisettico per le piccole ferite, che non bruci.
- Un termometro, forbicine e pinzette.
- Una pomata lenitiva per le piccole bruciature.
- Un gel all'aloe per le scottature solari e gli eritemi.
- Una pomata o lozione che allevi il gonfiore delle punture d'insetto (un antistaminico per bambini). In caso di necessità usate una compressa di garza imbevuta di acqua fredda e una goccia di ammoniaca.
- Bende, garze, nastro adesivo medico e cerotti.
- Alcuni genitori tengono in casa una piccola scorta di rimedi omeopatici o fitoterapici consigliati dal pediatra, come Chamomilla per la dentizione, olio o crema alla calendula per gli eritemi, gel all'arnica per i lividi.

Termometro

I termometri consigliabili per misurare la temperatura ai bambini sono di tre tipi.

• **Standard.** È il modello della nostra infanzia, che si mette sotto l'ascella o sotto la lingua. I termometri al mercurio non sono più in commercio, per cui la maggior parte adesso è digitale, e impiega circa 30 secondi per la lettura, 30 secondi che possono essere lunghi da far passare dovendo prendere la temperatura a un neonato che non sta fermo.
• **A striscia.** Si applica sulla fronte. Molto economico ma poco accurato, e difficile da tenere fermo se il bambino è irrequieto. Da evitare.
• **Digitale, da orecchio/fronte.** Lettura velocissima, precisione nel risultato: il tutto a un costo leggermente superiore a quello degli altri. Adatto anche agli adulti, si può usare anche quando il bimbo dorme.

• **Il nostro verdetto.** Un termometro digitale orecchio/fronte è un buon investimento per tutta la famiglia.

Per somministrare i medicinali

Avete due possibilità di scelta. La prima è una specie di contagocce di plastica o di siringa senza ago, che si usa per spruzzare gentilmente il medicinale nella bocca del bambino (nella speranza che non lo sputi).
La seconda è una specie di via di mezzo tra un succhiotto e un mini biberon, che si carica con il farmaco e si dà al bimbo da succhiare. Sono entrambe economiche, quindi potete provarle e decidere quale funziona meglio.
€ Per risparmiare, usate una siringa senza ago: è graduata e permette di dosare con esattezza la quantità di sciroppo o altro che volete somministrare al bambino.

Aspiratore nasale

I neonati non possono soffiarsi il naso, e per loro non riuscire a respirare a causa del naso tappato è un'esperienza molto sgradevole. Aspirare il moccio dal nasino è quindi l'unica soluzione (se ci riuscite). Usate un modello a peretta, il più delicato.

Giochi, giocattoli e accessori

La lista degli acquisti

✓ Una piccola selezione di giochi
? Sdraietta
? Baby altalena
? Ciambella imbottita
? Tappeto gioco con palestrina
✗ Girello

I neonati passano la maggior parte del loro tempo dormendo e mangiando, ma man mano che il tempo passa gli intervalli in cui restano svegli e hanno bisogno di essere intrattenuti si allungano. Saccheggiare i negozi di giocattoli può essere divertente, ma non è necessario. I bambini piccoli sono perfettamente felici con poche cose ben scelte, e ricevono comunque in regalo moltissimi giochi. I bambini un po' più grandi, invece, saranno felici sia di giocare con il vostro cellulare e le vostre chiavi sia con giocattoli molto più costosi.

Ecco alcune linee guida nella scelta dei giochi.
- Il fatto che un gioco costi molto non vuol dire che piacerà a vostro figlio. La scatola a volte gli sembrerà più interessante del gioco stesso.
- I giocattoli dovrebbero essere lavabili (utilizzando una spugna umida oppure in lavatrice).
- Attaccate qualche gioco alla carrozzina o al passeggino, in modo che non cadano (scatenando crisi di pianto).
- Accettate che qualche sgargiante gioco di plastica campeggi in mezzo alla casa. Non sarà elegante, ma è una conseguenza inevitabile dell'essere genitori.
- Non comprate i giochi più costosi: forse qualche parente generoso vi chiederà che cosa desiderate in regalo.
- Se vostro figlio si affeziona particolarmente a un certo giocattolo o peluche, mettetene da parte un altro uguale per sostituirlo in caso di smarrimento ed evitare crisi di pianto.

Giochi adatti ai bambini più piccoli

Ecco una selezione dei giocattoli che i nostri figli hanno amato di più.

Dalla nascita

- Giochi con sagome e figure in bianco e nero. I neonati sono affascinati dal contrasto tra questi colori.
- Una giostrina musicale. Affascina tutti i neonati, ma tenete in considerazione che andrà tolta quando il bambino sarà in grado di mettersi seduto da solo. Sceglietene una che sia interessante e colorata da guardare dal basso, cioè dal punto di vista di un bambino sdraiato.
- Una palestrina. È un tappeto imbottito con un arco in plastica da cui pendono alcuni giochi colorati. Vostro figlio potrà trascorrere intere mezz'ore a guardarli e poi, con il tempo, cercare di afferrarli. La palestrina non è economica ma vale la spesa. Alcuni modelli hanno anche luci, suoni e musiche.

Dai 3 mesi

- Sonagli e giochi da scuotere.
- Primi libri in tessuti colorati, da toccare e stropicciare.
- Anelli e giochi da mordere.
- Giochi multiattività, morbidi e polifunzionali: campanelle, giocattoli sonori, specchietti di sicurezza, giochi di stoffa, di tessuti e consistenze diverse ecc. Da appendere al passeggino o alla carrozzina.

Dai 6 mesi

- Cellulari e chiavi giocattolo.
- Giochi con pulsanti da premere.
- Giochi da bagno.

Dai 9 mesi

- Primi giochi a incastro e torri da costruire.

✗ Le palestrine e i giochi multiattività sono piuttosto costosi e durano poco. Esiste un fiorente mercato dell'usato: approfittatene! Create poi un 'cestino dei tesori': è un sistema fantastico per tenerlo felicemente occupato. Riempite un contenitore largo con materiali diversi fra loro: cucchiai di legno, pezzi di stoffa, un vecchio cellulare senza batteria, un frullino, nastri ecc. Tutto quello che vi viene in mente.

Sdraietta

Avere a disposizione un certo numero di posti dove tenere vostro figlio quando non dorme è un modo per renderlo più sereno e partecipe. Ecco perché la sdraietta è un accessorio fondamentale nella vita di tanti genitori: qui il bambino, anche piccolissimo, può partecipare alla vita della casa, ed essere costantemente tenuto d'occhio. La sdraietta si muove dolcemente assecondando i movimenti del neonato, pur in tutta sicurezza. Inoltre, se completamente reclinabile, permette di mantenere la curvatura fisiologica della spina dorsale. In questo caso (oppure se è dotata di un riduttore) si può usare fin dalla nascita, e fino ai 6-9 mesi; alcuni modelli hanno in aggiunta una barra ad arco con giochi, luci o suoni.
Come in un seggiolino per auto, è preferibile non lasciare un neonato nella sdraietta per troppe ore consecutive; per la nanna durante il giorno, a meno di non reclinarla completamente, sono meglio la cesta o la carrozzina.

Si può vivere senza?

È un oggetto veramente utile (a patto ovviamente che il bambino ci stia volentieri), anche se forse non essenziale.

Quando acquistarla?

Può essere utile averla in casa già al ritorno dall'ospedale (per usarla fin dai primissimi giorni dovrà essere completamente reclinabile).

Ciambella imbottita

Forma un 'nido' al centro del quale il bambino siede, riuscendo a raggiungere vari punti della ciambella con pochi movimenti. È perfetta per lo stadio in cui il piccino non siede ancora da solo ma si annoia ed è frustrato se lo si lascia sdraiato sulla schiena. Dopo i 5 mesi la ciambella si trasformerà in un divertente ostacolo da cui uscire ed entrare gattonando.

Girello

I pediatri ne sconsigliano l'uso perché permette al piccolo di raggiungere un livello di mobilità che lui non è naturalmente pronto ad affrontare e che può essere pericoloso. La posizione sulle punte, inoltre, è innaturale e rischia di ostacolare il bambino che impara a camminare. Fatene a meno.

La sdraietta: guida all'acquisto

Ecco gli elementi che è importante valutare quando si acquista una sdraietta.

Le caratteristiche fondamentali

- **Cintura di sicurezza affidabile.**
- **Fodera lavabile in lavatrice, o pulibile con un panno bagnato.** Soprattutto se più avanti pensate di usare la sdraietta per la pappa, prima di passare al seggiolone.

Le caratteristiche utili, ma non indispensabili

- **Sedile completamente reclinabile.** Permette di usare la sdraietta quando il bambino è ancora molto piccolo, anche per i pisolini diurni.
- **Possibilità di escludere il movimento a dondolo.** Alcuni bambini non amano essere dondolati, quindi è meglio poter scegliere.
- **Funzione vibrazione.** Dovrebbe avere una funzione calmante, ma ad alcuni bambini non piace, quindi se c'è è bene poterla anche togliere.
- **Pieghevole.** In questo modo può essere trasportata senza troppo ingombro.
- **Barra giochi.** Staccabile, perché non sia d'intralcio mettendo o togliendo il bimbo.
- **Manici.** Servono per poterla spostare in giro per casa.

Potete fare a meno di...

- **Accessori in più.** La userete solo 6-9 mesi, quindi inutile spendere una fortuna.

Baby altalena

È una piccola altalena da usare dentro casa, adatta a bambini di pochi mesi: in pratica un seggiolino che dondola a una decina di centimetri da terra. Costosa, si usa solo per pochissimo tempo. Ci sentiamo di consigliarla solo per piccini veramente irrequieti che null'altro sembra tranquillizzare.

Altalena da porta

È un seggiolino che si appende allo stipite di una porta e che permette al bambino di saltellare sulle punte dei piedi o di oscillare come su un'altalena. È divertente, ma di nuovo i pediatri non sono d'accordo, perché stimola il bambino a reggersi sulle punte dei piedi e induce un'inarcatura innaturale della schiena.

In viaggio e in vacanza

La lista degli acquisti

- ✓ Crema solare e repellente per gli insetti
- ? Lettino da viaggio
- ? Seggiolino portatile
- ? Abbigliamento antiUv
- ? Pannolino da piscina
- ? Braccioli e salvagente
- ✗ Tenda da spiaggia antiUv

I genitori di bambini piccoli difficilmente hanno il piacere di viaggiare leggeri: nel prossimo futuro non farete altro che accumulare oggetti su oggetti, tutti indispensabili per poter partire insieme al vostro piccolino.

Lettino da viaggio

I lettini da viaggio hanno cominciato a conoscere l'ostracismo quando le compagnie aeree hanno introdotto i limiti di peso per i bagagli. Un tempo erano massicci e pesanti (più o meno 10 kg), non certo quello che ci si vorrebbe portare dietro in un trekking sull'Himalaya (che è comunque qualcosa che pochi neogenitori prevedono di fare). Per fortuna, la tecnologia ha migliorato le cose e oggi i lettini sono molto più comodi, leggeri e maneggevoli. In modo per noi incomprensibile, molti genitori preferiscono i vecchi modelli.

Si può vivere senza?

Certamente sì nei primi mesi di vita, se avete una cesta o una navicella. Dopo, dipende dai viaggi che avete in programma. Hotel, case in affitto e bed & breakfast di solito forniscono i lettini, evitandovi il problema. Ma se volete andare a trovare un amico o un parente, magari senza figli, allora forse vi serve un lettino da viaggio.

Per dare più senso a questo acquisto, lo potrete usare anche come box, oppure dividerne la spesa con una o più coppie di amici.

Quando acquistarlo?

Probabilmente non da subito. Compratelo quando saprete che vi servirà.

Quale versione scegliere?

Esistono 3 tipi di lettini da viaggio, di differente peso e ingombro. Consigliamo di scegliere pensando al vostro stile di vita, valutando per esempio se vi capita spesso di viaggiare, e con quale mezzo (macchina, treno o aereo).

Tradizionale

Il più ingombrante e pesante, ma abbastanza semplice da montare. La soluzione ideale da lasciare nella casa dei nonni.

Da campeggio

In tessuto, con un telaio pieghevole in tubi di metallo. Pratico e leggero, ma talvolta difficile da montare.

Pop-up

Molto leggero (2 kg) e compatto, facilissimo da montare; alcuni hanno un materassino autogonfiabile. Richiede un po' di pratica per essere riposto e, dato che non è molto robusto, con i bambini più grandi può rovesciarsi; per questo motivo è meglio a volte collocarlo in posizione protetta (tra un sofà e un letto, per esempio).

• **Il nostro verdetto.** Se avete bisogno di un lettino per viaggiare davvero, scegliete il più leggero e il meno ingombrante che trovate. Altrimenti, compratene uno tradizionale da usare anche come box.

Seggiolino portatile

Quando vostro figlio avrà finalmente superato l'età dello svezzamento, si aprirà una nuova era: il ristorante tutti insieme. E con questa, l'era dei seggioloni da ristorante: non sempre presenti e, quando pure ci siano, non sempre puliti. Ecco perché potrebbe essere una buona idea avere qualcosa di portatile, leggero e pratico, in cui far sedere comodamente il bambino che ci accompagna a mangiare fuori.

Il lettino da viaggio: guida all'acquisto

Ecco gli elementi che è importante valutare quando si acquista un lettino da viaggio.

Le caratteristiche fondamentali

- **Facilità d'uso.** Se comprate il più bel lettino di design che abbiate mai visto, ma vi serve una laurea in ingegneria per montarlo, non avete fatto una buona scelta. Chiedete informazioni nel negozio su quale sia il modello più pratico e casomai fate una prova di montaggio prima di acquistarlo.
- **Dimensioni adeguate.** Non sceglietelo troppo piccolo, o presto non vi servirà più a nulla e dovrete acquistarne un altro. L'ideale sarebbe che vostro figlio potesse dormirci fino ai 3-4 anni, cioè fino al momento in cui non ne avrà più bisogno e potrà dormire ovunque in un letto normale.

Le caratteristiche utili, ma non indispensabili

- **Leggerezza.** Essenziale se viaggiate in treno o in aereo.
- **Dimensioni ridotte una volta piegato.** Cercate di capire quanto spazio del baule della macchina occupa la sacca con il letto chiuso.
- **Più funzioni.** Valutate se è possibile usarlo anche come box gioco.
- **Sacca con rotelle.** Facilita gli spostamenti.
- **Materasso autogonfiabile.** Occupa poco posto ed è più comodo per il bambino.
- **Zanzariera.** Non inclusa nei modelli più tradizionali; è invece di serie in quelli da campeggio o pop-up. Può essere comprata a parte.
- **Lato apribile.** Di serie nei modelli tradizionali e in quelli da campeggio, permette di arrivare al bambino senza doversi chinare.

Potete fare a meno di...

- **Un fasciatoio da viaggio incorporato.** Potete sempre usare il vostro letto per appoggiare il bambino e cambiarlo.
- **Accessori sofisticati.** Considerate, per esempio, lucine, carillon, giochi, materassini vibranti ecc. Nessuna di queste cose è effettivamente necessaria: rappresentano solo un peso e un costo in più.
- **Materasso di ricambio o più spesso.** È vero che i lettini da viaggio hanno un materasso sottile (non gli autogonfiabili, però), ma questa mancanza di comfort è limitata nel tempo e non è grave. Conviene comprare un materasso più alto solo se volete lasciare il lettino fisso da qualche parte, per un uso più frequente (nella casa dei nonni, per esempio).

Il seggiolino portatile: guida all'acquisto

I vari modelli di seggiolino portatile sono adatti a bambini di età differenti. Vi sono comunque alcune cose da tenere sempre in considerazione quando si acquista un seggiolino.

Le caratteristiche fondamentali

- **Adattabilità.** I seggiolini agganciabili possono anche non essere adatti a tutti i tipi di tavolo.
- **Comfort.** Tenuta e supporto sono cruciali per i bambini più piccoli.
- **Facilità di pulizia.**

Potete fare a meno di...

- **Seggiolini reclinabili.**

Si può vivere senza?

Oggi il seggiolino portatile è meno utile di un tempo, perché la maggior parte dei ristoratori lo mette a disposizione dei propri clienti. Può essere comodo per andare a mangiare da amici o dai nonni.

Quando acquistarlo?

Non prima dei 6 mesi, l'età in cui il bambino comincia a stare seduto da solo e a mangiare le prime pappe.

Quale versione scegliere?

Da agganciare al tavolo

Si tratta di una sacca di stoffa imbottita, montata su un telaio di tubi di metallo, pieghevole. Tuttavia non tutti i modelli si agganciano a ogni tipo di tavolo. I seggiolini portatili sono abbastanza economici e robusti. Scegliete un modello in cui il sedile di stoffa possa essere tolto e lavato facilmente. È utile dai 6 mesi.

Di stoffa, da annodare

In pratica, è una specie di tasca di tela robusta che si fissa alla spalliera della sedia e che si aggancia alla vita del bambino. È come una cintura di sicurezza che mantiene il piccolo comodamente seduto su una seggiola normale, in tutta sicurezza. Dato che è in tessuto, si piega, non pesa quasi nulla e occupa uno spazio poco più grande di un fazzoletto. L'unico difetto è che si sporca molto e va lavata di frequente. Si usa a partire dai 6 mesi.

Rialzo rigido

Permette ai bambini oltre i 12 mesi di sedere alla stessa altezza degli adulti. Di solito è di legno o di plastica indeformabile.

Rialzo gonfiabile

È adatto ai bambini oltre i 12 mesi. È il tipo di seggiolino portatile più pratico; leggerissimo, occupa pochissimo spazio. Si sgonfia facilmente e si ripiega completamente, in modo da poterlo trasportare comodamente in uno zaino o in una borsa.

Protezione solare e contro gli insetti

Sia gli schermi solari sia le lozioni e le creme contro gli insetti possono contenere sostanze chimiche, quindi non sono l'ideale per i bambini piccoli. Il nostro consiglio è di ricorrere il più possibile a prodotti naturali, che in entrambi i casi sono efficaci tanto quanto le alternative chimiche e non costano di più.

Repellenti per insetti

Lozioni e creme antinsetti che contengono una sostanza chimica chiamata Deet (dietilmetilbenzamide) non sono indicate per i bambini piccoli, ed è meglio evitarle il più a lungo possibile. Esistono molte alternative naturali che utilizzano repellenti di origine vegetale, come oli essenziali di geranio o citronella, in formulazioni studiate apposta per la prima infanzia.
In caso di puntura, un po' di olio di nocciolo o di gel di aloe aiuterà a lenire il prurito.

Crema solare

È probabile che non abbiate bisogno di uno schermo solare per vostro figlio finché ha poche settimane o pochi mesi, perché in questo periodo è bene evitare ogni esposizione diretta ai raggi del sole. In seguito, scegliete una formulazione delicata e adatta alla sua pelle sensibile, che per esempio contenga derivati del riso, che svolgono una naturale funzione protettiva dell'epidermide dai raggi solari.

Indumenti antiUv

Usare magliette con le maniche lunghe in speciali tessuti antiUv potrebbe essere una buona soluzione per proteggere i bambini dagli effetti nocivi dei raggi del sole senza doverli ricoprire costantemente di crema, operazione che molti piccini detestano. Di solito questo tipo di tessuto si asciuga rapidamente, quindi potete limitarvi ad acquistare un paio di magliette, facendo attenzione che risultino traspiranti e gradevoli sulla pelle. E non dimenticate di coprire testa e collo con un cappello adeguato, soprattutto con la tesa ampia.

Tenda da spiaggia antiUv

Le tende parasole antiraggi Uv non sono veramente indicate per i neonati, che dovrebbero essere portati in spiaggia solo nelle prime ore del mattino o verso il tramonto, evitando l'esposizione diretta al sole.

In piscina o al mare

Pannolino per il mare e per la piscina

Essenziale per i corsi di acquaticità per neonati e per il bagno in piscina e in mare. A differenza del normale pannolino, non lascia filtrare il contenuto e non si gonfia d'acqua, appesantendo il bambino. Esiste sia il modello usa e getta sia quello lavabile.

Accessori per galleggiare

Gli scomodi braccioli della nostra infanzia adesso non si usano quasi più per i bambini molto piccoli: ora è possibile scegliere tra molti giochi galleggianti in schiuma sintetica, leggeri e colorati. Esistono anche dei salvagente a corpetto, molto pratici ma un po' più costosi della media. Per i bimbi più piccoli, la ciambella con mutandina incorporata permette di galleggiare tranquilli e al sicuro, anche se molti preferiscono essere sostenuti dalle braccia del genitore.
Per i bambini più freddolosi, provate la muta da bagno in neoprene, che aiuta a superare l'impatto con l'acqua fredda. A volte, può fare la differenza tra amare l'acqua e detestarla.

Per i più grandicelli

La lista degli acquisti

- ✓ Vasino o riduttore
- ✓ Necessario per il cambio
- ✓ Seggiolino per auto del gruppo 1
- ✓ Letto 'da grande'
- ? Sponde per il letto
- ? Zaino portabambino

Fin dall'annuncio della vostra gravidanza, decine di amici e parenti vi avranno consigliato di godervi ogni momento, perché passa così in fretta... Era vero: è passata (o quasi). Il minuscolo esserino che avete portato a casa dall'ospedale è diventato un bambino che cammina, parla, mangia da solo e fa i capricci e che adesso, ci potete scommettere, ha bisogno di tutta una nuova serie di cose: un nuovo seggiolino per l'auto; un letto più grande; un vasino. Per fortuna, non si tratta di cose che vanno comprate tutte insieme, quindi questo momento sarà un po' meno frenetico di quello della nascita.

Vasino e dintorni

Il momento di togliere il pannolino è uno di quelli più temuti dai genitori. Noi vi possiamo dare un unico consiglio: aspettate che vostro figlio sia davvero pronto, è forse l'unico sistema per evitare di trasformare il tutto in una successione di drammi. E soprattutto, si tratta di un momento diverso da bambino a bambino, quindi non prendetevela se il figlio della vostra amica era già 'asciutto' a 18 mesi...

Gli acquisti essenziali

- Un vasino o un riduttore per toilette (o entrambi). Se la vostra casa è molto grande, compratene più d'uno, per avere sempre pronto un vasino in caso di emergenza.

A molti bambini non piace usare la toilette, altri non apprezzano il vasino, e a voi non resta che stabilire a quale categoria appartiene vostro figlio. Ricordatevi che il vasino ideale per i maschietti ha una protezione anteriore, per evitare gli schizzi di pipì.

- Mutandine e pantaloni 'da grande', per bambini e bambine. Scegliete una taglia un po' più ampia e un modello che piaccia al diretto interessato e che lo faccia sentire davvero 'grande', ma evitate, se possibile, le salopette e i pantaloni con bottoni e zip: meno ostacoli ci sono, meglio è. Alcuni genitori usano le mutandine 'allenatrici', una mutandina impermeabile all'esterno con uno strato assorbente all'interno: fa percepire al bambino il bagnato, ma evita di far filtrare la pipì dappertutto. Se volete usarle, il nostro consiglio è di evitare quelle usa e getta, perché sono troppo simili ai pannolini e rischiano di creare confusione.
- Salviettine e disinfettanti: le prime per i bambini, le seconde per rimediare agli incidenti domestici. Scegliete un disinfettante naturale, che per esempio contenga olio essenziale di Tea Tree.
- Un lenzuolino impermeabile. Vi consigliamo un 'salvadivano' da piazzare nei primi tempi sotto il bambino ogni volta che si siede sul sofà, sulla vostra poltrona preferita, sul seggiolino dell'auto. Sceglietelo morbido, evitando l'effetto vecchia tela cerata rigida, e usatelo anche per il letto quando sarà arrivato il momento di togliere il pannolino anche di notte.
- Uno sgabellino da bagno. Per sedersi da solo sul water e riuscire ad arrivare al lavandino per lavarsi le mani.
- Un vasino da viaggio. In alcuni modelli si può inserire un sacchettino e rimuovere il 'prodotto'.

Potete fare a meno di...

Un vasino musicale. Il carillon è del tutto inutile.

Letto 'da grande'

A un certo punto, arriverà il momento di abbassare le sbarre del lettino e lasciare che il vostro bambino dorma in un letto aperto. Il passo successivo sarà acquistare un letto 'da grande', cioè di dimensioni normali. Quando farlo, dipende dalle dimensioni del lettino di partenza: i più grandi (140 x 70 cm) possono tranquillamente accogliere un bambino fin verso i 5 anni, mentre quelli più piccoli (120 x 60 cm) diventano troppo stretti e corti già verso i 2-3 anni.

Il momento per spostare il bambino in un letto senza sponde è quando è in grado di scavalcare le sbarre, correndo il rischio di cadere. Potete ri-

mandare questo momento usando un sacco nanna, ma comunque prima o poi arriverà: non è nemmeno il caso di lasciare in un letto con le sponde un bambino che di giorno non usa già più il pannolino e sta iniziando a non usarlo nemmeno di notte.
Se avete acquistato un letto di dimensioni normali per un bambino di 2 o 3 anni, potreste avere paura che cada durante il sonno. In questo caso, comprate una barriera rimovibile, che toglierete quando non ce ne sarà più bisogno.

Cuscino

I bambini non hanno realmente bisogno di un cuscino; anzi, per favorire un armonioso sviluppo della schiena, sarebbe meglio ritardare il più possibile l'introduzione di questo tipico accessorio da 'grandi'.

Piumone, lenzuola e coperte

Date la preferenza a piumone e copripiumone, piuttosto che a lenzuola e coperte: sono più pratici e meno pesanti.
Dovendo acquistare integralmente 2 o 3 set di lenzuola, cercate di scegliere modelli colorati ma non troppo legati alle passioni del momento dei vostri figli e a personaggi ed 'eroi' dei cartoni animati, che magari tra qualche mese verranno del tutto dimenticati.

Zaino portabambino

Dopo l'anno di vita, il bambino comincia a pesare davvero troppo per essere portato comodamente in una fascia anteriore, e per la maggior parte dei genitori arriva il momento di passare al marsupio-zaino, che permette di portarlo comodamente con sé anche fin verso i 2 anni. Ne esistono 2 diverse versioni.

Zaino tradizionale

Con telaio rigido e seduta in stoffa, simile a un normale zaino, è relativamente semplice da usare, leggero, robusto e straordinariamente comodo per il passeggero; i modelli che si reggono in piedi da soli permettono di far sedere il piccolo, fissare la cintura di sicurezza e poi infilare lo zaino. È indicato per i bambini di più di 6 mesi. Un po' ingombrante, non è adatto come 'aggiunta' al bagaglio per una breve gita. Un accessorio utile potrebbe essere uno schermo da sole o da pioggia.

Lo zaino: guida all'acquisto

Per l'acquisto di uno zaino portabambino valgono le stesse considerazioni fatte per la fascia portabebè, con qualche ulteriore accorgimento.

Le caratteristiche fondamentali

- **Facilità d'uso.** Deve essere facile far sedere il bambino nello zaino ed estrarlo.
- **Leggerezza.** Uno zaino che già pesa molto vi farà passare la voglia di usarlo.
- **Spallacci ben imbottiti.** Servono per evitare di farsi male alle spalle.
- **Regolabile.** È importante che lo possano usare più persone di taglie diverse.

Le caratteristiche utili, ma non indispensabili

- **Staffe.** Per aiutare il bimbo a equilibrare il peso sulle due gambe, migliorando la distribuzione del carico.
- **Capote solare/parapioggia.** In genere è di serie in quasi tutti i modelli.
- **Cuscino.** Aiuta a reggere la testa del bimbo se si addormenta durante la marcia.
- **Tasche.** Permettono di non avere bisogno di una borsa in più.
- **Possibilità di piegarlo.** Così può essere messo via in poco spazio.

Zaino di tessuto senza struttura rigida

Non comodo come il precedente, ma piccolo e poco ingombrante. All'inizio richiede un po' di pratica. Forse non è adatto a una lunga passeggiata, ma è perfetto per concedere un po' di sollievo a un bambino che già cammina da solo ma che è stanco e vuole essere trasportato.

Seggiolino per auto del gruppo 1

Sappiamo che prima dei 12 mesi il bambino è ancora troppo immaturo dal punto vista scheletrico e muscolare per viaggiare in un seggiolino nel senso di marcia: in caso di incidente, infatti, il bambino che siede nella stessa direzione del senso di marcia viene proiettato violentemente in avanti. Per un bambino che ha meno di un anno, anche se trattenuto dalle cinture del seggiolino, è un trauma molto pericoloso, che lo può ferire gravemente.
Per spostare il bambino in un seggiolino del gruppo 1 (che si posiziona nel senso di marcia) bisogna quindi rispettare alcune condizioni.

- Il piccolo deve riuscire a stare seduto senza appoggio da almeno 3 mesi,

Il seggiolino per auto del gruppo 1: guida all'acquisto

Per l'acquisto di un seggiolino per auto del gruppo 1 le caratteristiche a cui prestare attenzione sono più o meno le stesse dei modelli del gruppo 0/0+.

- **Compatibilità con la vostra auto.**
- **Fodere facilmente rimovibili.** Perché dovrete lavarle piuttosto spesso.
- **Cintura di sicurezza allacciata in un unico punto.**
- **Indicatore di tensione.** Segnala se le cinture di sicurezza dell'auto a cui è agganciato il seggiolino sono tese correttamente.
- **Sedile reclinabile opzionale.**

Se intendete acquistare un modello Isofix, valgono le stesse considerazioni già fatte nel capitolo 'In macchina'.
Esistono modelli che combinano le caratteristiche di un seggiolino del gruppo 1 con quelle di un seggiolino del gruppo 2. Non hanno di solito punteggi molto alti nei test di sicurezza per quel che riguarda il gruppo 1, perché alcuni modelli per legare il bambino al seggiolino non usano un sistema di ritenuta a 5 punti, bensì le cinture di sicurezza dei sedili posteriori. Se questo modello vi interessa (rappresenta comunque un indubbio risparmio), valutate che sia compatibile con la vostra auto.

quindi il suo apparato muscolare deve essere in grado di resistere allo stress rappresentato da un incidente come quello descritto.
- Meglio aspettare inoltre che abbia raggiunto il peso massimo per il gruppo 0+ (13 kg) e non quello minimo per il gruppo 1 (9 kg).
- Se la testa di vostro figlio sporge dal seggiolino 0+, allora dovete assolutamente spostarlo in un seggiolino del gruppo 1. Se non ha ancora raggiunto il peso minimo per usare un seggiolino 1, dovrete comprare un seggiolino (ne esistono alcuni modelli) che combini le caratteristiche del gruppo 0 con quelle del gruppo 1.

Si può vivere senza?

No: per trasportare vostro figlio in auto il seggiolino è un obbligo di legge.

Quando acquistarlo?

Non prima dei 9 mesi e dei 9 kg di peso, ma meglio ancora è usarlo quando il bimbo avrà superato i 13 kg.

LA LISTA DEGLI ACQUISTI DEFINITIVA

L'abbigliamento

- ✓ Tutine con i piedi, di ciniglia o cotone (6 di taglia 0, 6 di taglia 0-3 mesi)
- ✓ Body a manica corta (6-8 di taglia 0, 6-8 di taglia 0-3 mesi)
- ✓ 2 golfini di taglia 0-3 mesi, di cotone o lana secondo la stagione
- ✓ 2 cappellini, di cotone o lana secondo la stagione
- ✓ 4 paia di calzine
- ✓ 2 paia di guantini antigraffio di cotone
- ✓ 6-8 bavaglini
- ✓ 2 paia di guantini di lana (solo se il bimbo nasce nella stagione fredda)
- ? 2-3 sacchi nanna

Pannolini e dintorni

- ✓ Pannolini
- ✓ Ovatta e/o salviettine umidificate
- ✓ Crema per arrossamenti da pannolino
- ✓ Pattumiera con coperchio e 2 reticelle per il bucato (se usate i pannolini lavabili)
- ✓ Sacchetti per gettare i pannolini (se usate quelli usa e getta)
- ✓ Borsa per il cambio
- ✓ Quadrati di tela o spugna morbida
- ? Sigillapannolini (se usate i pannolini usa e getta)
- ? Materassino coprifasciatoio

Il bagnetto

- ✓ Asciugamano morbido da usare solo per il bambino
- ✓ Forbicine per neonato
- ✓ Guantino da bagno o spugna
- ? Bagnoschiuma per neonato
- ? Vaschetta per il bagnetto
- ? Seggiolino o supporto sagomato per il bagnetto (da usare dopo i 6 mesi)
- ? Termometro da bagno
- ? Prodotti vari per la toilette

L'allattamento al seno

- ✓ 3 reggiseni da allattamento
- ✓ Coppette assorbilatte
- ✓ Crema per capezzoli
- ? Tiralatte (essenziale in caso di mastite o ingorgo)
- ? Cuscino da allattamento
- ? Copricapezzoli

Il biberon e le prime pappe

- ✓ 6 biberon
- ✓ Sterilizzatore
- ✓ Seggiolone
- ✓ Set da svezzamento (piattino e cucchiaino)
- ✓ Tazza educativa con manici e beccuccio
- ? Contenitori per conservare il latte
- ? Latte in polvere per neonati
- ? Dosatore per latte in polvere
- ? Frullatore

Culla e cameretta

- ✓ Lettino con le sponde e materasso
- ✓ Cassettiera, armadio o entrambi
- ✓ Poltrona comoda per allattare
- ? Soluzione-nanna a misura di neonato (culla, cesta di vimini o amaca)
- ? Fasciatoio
- ? Tende pesanti per creare il buio completo nella stanza
- ? Decorazioni per le pareti

✓ Acquisto indispensabile ? Acquisto facoltativo

LA LISTA DEGLI ACQUISTI DEFINITIVA

Lenzuola e coperte

- ✓ Lenzuola (se per i primi mesi prevedete una soluzione diversa dal lettino, avrete bisogno di 2 completi di dimensioni differenti)
- ✓ 3-4 lenzuola con angoli
- ✓ 2 protezioni per il materasso
- ✓ 2-3 sacchi nanna o 4 coperte e 3-4 lenzuola piane
- ? Copertina avvolgente
- ? Divisorio per lettino (solo per gemelli)
- ? Cuscino di posizionamento
- ? Pelle di pecora
- ? Rete antigatto (ovviamente, solo se avete un gatto)
- ? Paracolpi imbottito
- ? Copriletto

I 'mezzi di trasporto'

- ✓ Carrozzina e/o passeggino completamente reclinabile (inutile se usate solo fascia o marsupio)
- ✓ Parapioggia per carrozzina e/o passeggino
- ? Sacco nanna di piumino per carrozzina e/o passeggino
- ? Parasole e zanzariera
- ? Fascia portabebè o marsupio

In macchina

- ✓ Seggiolino per auto del gruppo 0 o 0+, o ovetto
- ? Tendine parasole
- ? Base per ovetto
- ? Specchietto retrovisore per controllare il bambino quando si guida
- ? Fodera protettiva per il sedile posteriore

La sicurezza domestica

- ✓ Baby monitor (a meno che casa vostra non sia molto piccola)
- ✓ Accessori di sicurezza adatti alla vostra abitazione
- ✓ Kit di primo soccorso
- ✓ Termometro
- ? Siringa senza ago o speciale ciuccio per somministrare medicinali
- ? Aspiratore nasale

Giochi, giocattoli e accessori

- ✓ Una piccola selezione di giochi
- ? Sdraietta
- ? Baby altalena
- ? Ciambella imbottita
- ? Tappeto gioco con palestrina

In viaggio e in vacanza

- ✓ Crema solare e repellente per gli insetti
- ? Lettino da viaggio
- ? Seggiolino portatile
- ? Abbigliamento antiUv
- ? Pannolino da piscina
- ? Braccioli e salvagente

Per i più grandicelli

- ✓ Vasino o riduttore
- ✓ Necessario per il cambio
- ✓ Seggiolino per auto del gruppo 1
- ✓ Letto 'da grande'
- ? Sponde per il letto
- ? Zaino portabambino

✓ Acquisto indispensabile ? Acquisto facoltativo

Indice